KB106355

인지상담
실행기능
워크북

인지상담 실행기능 워크북

발행일	2022년 11월 17일

지은이	정혜경, 정용림, 임성락, 이지은, 김동국		
펴낸이	손형국		
펴낸곳	(주)북랩		
편집인	선일영	편집	정두철, 배진용, 김현아, 류휘석, 김가람
디자인	이현수, 김민하, 김영주, 안유경	제작	박기성, 황동현, 구성우, 권태련
마케팅	김회란, 박진관		
출판등록	2004. 12. 1(제2012-000051호)		
주소	서울특별시 금천구 가산디지털 1로 168, 우림라이온스밸리 B동 B113~114호, C동 B101호		
홈페이지	www.book.co.kr		
전화번호	(02)2026-5777	팩스	(02)3159-9637

ISBN	979-11-6836-586-5 93180 (종이책)	979-11-6836-587-2 95180 (전자책)

(주)북랩 성공출판의 파트너

북랩 홈페이지와 패밀리 사이트에서 다양한 출판 솔루션을 만나 보세요!

홈페이지 book.co.kr · **블로그** blog.naver.com/essaybook · **출판문의** book@book.co.kr

작가 연락처 문의 ▶ ask.book.co.kr

작가 연락처는 개인정보이므로 북랩에서 알려드릴 수 없습니다.

국제임상인지상담협회에서 제안하는
아동 인지상담 교구 활용법

인지상담 실행기능 워크북

정혜경, 정용림, 임성락, 이지은, 김동국 공저

북랩

상담을 처음 시작하던 그 무렵, 우리는
내담자 및 내담 아동들에게 도움을 줄 수 있는 방식에 대해 끊임
없이 고민했습니다. 하루의 일과가 끝나자마자 모여서 지금 내
가 아이들과 하고 있는 상담의 방식과 방향이 맞는지 걱정과 불
안감 속에서 이야기를 나누던 때가 있었습니다. 15년 전의 그
당시만 해도 몰라서 불안했고 자신도 없었던 상담사들이 어느
덧 베테랑 상담사들이 되어 이렇게 협회를 만들 거라고는 상상
도 하지 못했죠.

　'국제임상인지상담협회'.

　협회의 이름을 짓는 것부터 협회의 방향성을 만드는 과정까지
짧지 않은 시간 동안 서로 공유하고 의견을 나누며 드디어 하나
의 틀을 만들고 뜻을 모아 협회의 기틀을 세우기 시작했습니다.
무엇보다 내담자만 생각하면서 어떻게 하면 내가 도움을 줄지,
무엇을 통해 도움을 줄지에 대해서만 생각해온 상담사들이 모였

습니다.

인지상담이라는 것의 개념이 체계적으로 수립되지 않았던 때였지만, 우리는 지금까지의 상담 노하우를 통해 가장 좋은 상담 방식이 '인지상담'이라는 것에 합의하였습니다. 사람이 사고하는 영역인 뇌인지의 기능을 알고 활용하는 과정과 그러한 과정 속에서 발생하는 다양한 심리 내적 변화와 감정들의 표현을 조금 더 적절하게 다룰 수 있는 방식의 상담. 그것이 바로 인지상담이라 할 수 있습니다.

특히 다양한 상담 경험을 토대로 봤을 때, 아동 및 청소년의 경우 그들이 좋아하는 것과 흥미를 가지고 접근할 수 있는 도구를 활용하면 인지상담에 더 적극적으로 참여할 수 있다는 것을 임상적으로 경험하였습니다. 따라서 다양한 도구를 즐겁게 활용할 수 있도록 이번 『인지상담 실행기능 워크북』을 출판하게 되었습니다.

이 책에서는 국제임상인지상담협회의 이사진들이 직접 상담에 활용한 방식들을 토대로, 아동 및 청소년이 흥미를 가지고 인지 기능을 발휘하면서 기능을 향상할 수 있도록 방향을 제시할 것입니다. 기본적인 방식에서 벗어나 아동들이 보이는 반응에 따라 대응할 수 있도록 하는 중재 방향에 대한 내용도 포함되어 있습니다.

따라서 이 워크북에 제시된 내용을 적절하게 사용해보면서 혹시나 발생할 수 있는 아이들의 반응을 예측하여 상담에 활용하신다면 조금 더 효과적인 방식의 인지상담이 진행될 수 있을 것입니다. 주제에 따른 교구는 보드게임을 활용한 것도 있지만 워크지를 직접 다운로드 받아 변형하여 사용할 수 있도록 준비해

두었기 때문에 앞으로 상담 시 활용하시면 더 좋을 것 같습니다.

국제임상인지상담협회의 첫걸음을 토대로, 앞으로 상담에 있어서 많은 사람이 도움을 받고 긍정적인 결과를 이룰 수 있는 길에 보탬이 되도록 더욱 많은 연구 활동을 이어가겠습니다. 책이 출판될 때까지 많은 노력을 기울여주신 정혜경, 정용림, 이지은, 임성락 이사님들께 깊은 감사의 말씀을 전하며 이후의 과정에서도 함께 높은 뜻을 이뤄가길 기원합니다.

감사합니다.

2022년 11월
대표저자 김동국

CONTENTS

제1화 / **작업기억**

제2화 / **주의집중력**

제3화 / 인지억제

제4화 / 처리속도

제5화 / **인지유연성**

제1화

작업기억

1화 개관

작업기억(Working Memory)은 정보를 일시적으로 보유하고 조직하는 정신적 작업 공간(mental workspace)이다(Baddeley, 1996). Baddeley는 다중요소 작업기억 모델에 입각하여, 작업기억의 하위요소는 언어적인 정보를 보유하는 음운루프(phonological loop), 시공간적 정보를 보유하는 시공간잡기장(visuospatial sketchpad), 정보를 저장하거나 처리할 때 장기기억과 연결하는 일화버퍼(episodic buffer), 다른 하위요소들 간에 주의력을 할당하고 통제하는 중앙집행기(central executive)의 네 가지로 정의한다.

작업기억은 보통 4세~15세 사이에 증가하며 작업기억능력은 개인마다 차이를 보인다. 개인차는 여러 정보를 동시에 기억하면서 동시에 주의를 유지해야 하는 학교 장면에서는 과제수행에서의 차이를 가져오기도 한다.

작업기억이 부족한 아동들은 일상적인 상황에 대한 정보를 기억하는 데 어려움이 있으며, 학습 장면에서 이러한 기억에 대한 어려움을 호소하는 경우가 많이 있다. 언어처리에 어려움을 보이는 아동들의 경우 작업기억이 향상되지 않으면 언어처리 향상에 어려움을 보이기도 한다. 또한 복잡하고 순차적인 정보를 머릿속에 띄우고 목적에 맞게 해결하는 능력이 저조하기 때문에 학습에서 핵심적이고 복잡한 과제를 수행하기 어려우며, 계획에 따라 행동하지 못해 주변에서 부정적인 피드백을 받는 경우가 많다.

따라서 작업기억이 저조한 아동들의 경우 일상생활이나 학습 장면에서 부정적인 반응에 쉽게 노출될 수 있으므로 실패에 대한 두려움과 낮은 자아존중감을 보여 작은 일에도 쉽게 짜증을 내거나, 일등이 아니면 안 되는 불안한 모습을 보이거나, 쉽게 무기력해져서 포기하는 모습을 보이기도 한다.

작업기억 하위요소	내용
음운루프	음운루프는 청각적 정보와 언어적 정보의 임시 저장을 담당하는 단기기억을 의미한다(Baddeley, 2015).
시공간잡기장	시공간잡기장은 시공간 단기기억에 관여하며(Baddeley, 2015), 단순한 저장소를 넘어서서 시공간적 정보의 조작을 포함한다(Baddeley, 1983).
일화버퍼	일화버퍼는 시각, 청각, 언어 등의 다차원적인 정보를 일화 및 청크로 저장할 수 있는 시스템으로 가정된다(Baddeley, 2000). 일화버퍼는 다차원적인 정보를 하나의 일화로 결합시켜 저장하는 것이다.
중앙집행기	중앙집행기는 전체를 컨트롤하는 컨트롤타워의 역할을 하며, 하위요소들을 통제한다. 기억시스템이라기보다는 다른 하위요소들 간에 주의력을 할당하고 통제하는 기관이다(Baddeley, 2000).

본 워크북에서는 아동과 함께 임상 장면에서 활용할 수 있는 다양한 작업기억 도구들을 보다 쉽게 활용할 수 있도록 음운루프에 대해서는 구어 작업기억으로, 시공간잡기장은 시공간 작업기억으로 분류하여 정리하였다.

사운드 메모리

목표: 구어 작업기억

- 보조 목표: 청각적 주의집중, 공간지각, 표현력

준비물: 사운드 메모리 보드게임

1) 20장의 소리 카드를 섞은 뒤 테이블 위에 앞면이 보이지 않게 가로로 5장, 세로로 4장씩 배열한다(카드 뒷면의 개구리는 카드를 맞히야 하는 사람을 향하도록 배치한다).

2) 귀 그림이 그려져 있는 30장의 벌점 카드는 잘 쌓아서 본 카드 배열 옆에 둔다.

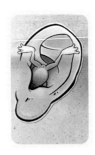

3) 순서를 정하고 짝을 찾아야 하는 사람은 한 손으로 카드 한 장을 골라(자신은 볼 수 없음) 다른 사람에게 보여주면 상대방은 카드 이미지의 소리를 말해야 한다.

   예 시계 그림은 "똑딱 똑딱", 강아지 그림은 "멍멍"이라고 소리를 표현해야 한다.

4) 그런 다음 다른 한 손으로 다시 다른 카드를 들어 상대방에게 보여주고 상대방은 카드 이미지의 소리를 들려준다.

5) 만약 두 카드의 소리가 서로 다를 경우, 앞 장의 그림을 확인하지 않고 보이지 않게 그대로 내려놓고 벌점 카드를 받게 된다.

6) 만약 두 카드의 소리가 같을 경우, 이 사람은 두 카드를 가져와 서 자기 옆에 둔다.

7) 현재 순서인 사람이 모든 10가지 그림의 쌍을 다 찾으면 게임 이 끝난다. 하지만 모든 쌍을 찾기 전 30장의 벌점 카드를 받게 되면 이 사람의 차례는 즉시 끝나게 되고 상대방의 차례로 진 행된다.

8) 각자 한 번씩 자신의 순서가 지나가면 종료되고 벌점 카드를 가장 적게 획득한 사람이 우승한다.

┃도움tip

1) 게임 시작 전에 모든 게임 참가자들이 함께 그림을 보고 그 그림에 해당하는 동물이나 물건이 어떤 소리를 내는지 표현해보면서 기억하는 시간을 가진다.

2) 설명서에 나오는 소리는 예시이므로 아동들에게 해당 동물이나 물건이 어떤 소리를 내는지를 표현하게 하고 몇 음절 소리로 할지 약속해서 정하고 기록해둔다.
   예 기차: "칙칙폭폭", 드럼: "두구두구", 시계: "째깍째깍"

3) 먼저 아동이 순서를 시작하도록 해서 카드를 고르고 소리를 듣도록 하는 것이 좋다. 반드시 본인은 고른 카드를 보지 않도록 주의를 준다.

4) 해당 소리를 잘 기억하기 위해 아동에게 소리를 따라 외우는 시연전략을 쓰게 할 수 있다.

5) 아동이 소리를 들려주는 차례가 되면 그림에 해당하는 소리를 모두 기억해서 들려줘야 하므로 이 또한 작업기억을 쓰게 된다.

1) 해당 카드에 해당하는 소리를 정할 때 단어 음절 수에 따라 난이도를 조절할 수 있다.

　📦 개구리 카드에 대해 "개굴개굴" 4음절로 정하는 것보다 "개굴"이라고 2음절로 정하는 것이 난이도를 쉽게 할 수 있다.

　📦 드럼 카드에 대해 "둥둥둥" 3음절로 정하는 것보다 "두구두구 둥둥"이라고 6음절로 정하는 것이 난이도를 어렵게 할 수 있다.

2) 아동의 작업기억 수준에 따라서 소리 카드 10쌍 중 개수를 줄여서 카드를 배열할 수 있다.

3) 자기 차례가 끝나는 시점을 벌점 카드 30장에서 10장으로 줄이는 등 규칙을 바꿔서 아동의 실수를 줄이고 더 집중해서 수행하도록 구조화할 수 있다.

4) 각자 한 번씩 차례를 다 끝내고 두 번째로 게임을 진행할 때는 앞서 정한 소리 규칙을 바꾸어서 진행한다면 앞의 규칙이 간섭이 되어 작업기억을 더 많이 쓰게 된다.

　📦 시계 카드에 대해 "똑딱똑딱" 소리로 정한 규칙을 두 번째 진행에서는 "째깍째깍"이라고 바꾸어서 진행한다.

5) 다른 이미지가 있는 카드를 활용해서 동일한 방법으로 활용할 수 있다.

꼬치의 달인

목표: 구어 작업기억

- 보조 목표: 청각적 주의집중

준비물: 꼬치의 달인 보드게임

1) 순서를 정하고 각 사람 앞에 재료를 나눠준다.

2) 카드를 뒤집어서 나온 순서대로 꼬치를 끼운 뒤 맨 먼저 끼운 사람이 가운데 접시에 올려놓으면서 "맛있게 드십시오"라고 이야기를 한다.

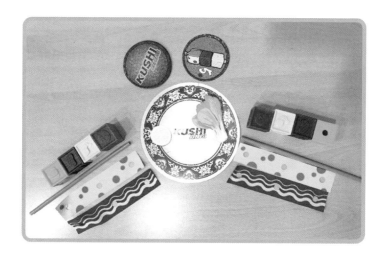

3) 다른 사람들은 끼우는 것을 멈추고 순서에 맞게 끼워졌는지 확인을 한다.

4) 순서에 맞게 끼웠을 경우 해당 카드를 가져오게 된다.

5) 카드를 많이 가져온 사람이 승리하게 된다.

1) 처음에는 보고 순서대로 끼우는 활동을 통해 흥미를 높이고 동기를 높이는 것이 좋다.

2) 작업기억을 높이기 위해서는 카드를 보여준 뒤 뒤집어놓고 순서를 기억해서 꼬치를 끼우도록 한다. 개수가 작은 것에서부터 점점 개수를 늘려가는 것이 좋다.

3) 구어 작업기억의 향상을 목표로 하기 위해서는 카드에 있는 재료를 상담사가 직접 불러주고 외운 후 아동이 수행하게 한다.

■ 확장

1) 아동이 스스로 카드를 만들어서 새로운 문제를 제시할 수 있다.

2) 난이도의 조절을 위해서 개수를 제안할 수 있다. 처음에는 2개로 시작했다가 점점 난이도를 높여서 개수를 늘리면 난이도를 어렵게 진행할 수 있다.

3) 실제 재료를 구해서 순서대로 끼워보도록 한다.
   예 과일, 과자, 비즈 등

도전 스피드 10

목표: 구어 작업기억

- 보조 목표: 처리속도, 범주단어인출

준비물: 도전 스피드 10 보드게임

1) 팀을 둘로 나누고 게임의 난이도를 정하고 카드를 색으로 분류
   하여 놓아둔 후 모래시계와 정답 확인기를 함께 놓는다.

2) 첫 번째 플레이어가 할 때 상대편이 문제 카드 더미 맨 위에서
   카드 한 장을 뽑아 정답 확인기에 놓고 주제를 상대에게 알려
   준다.

3) 주제를 들은 사람은 주제와 관련된 단어들 중 카드에 있을 것
   같은 단어를 생각해서 시간 안에 최대한 많은 단어를 말한다.

4) (보드판을 이용한다면) 맞힌 단어 개수만큼 보드판에서 자리를 이
   동할 수 있다. 회오리 칸에 도착했을 때는 맞힌 카드 개수만큼
   다시 움직인다.

5) 돌아가면서 상대 카드를 골라주는데 상대 말이 있는 칸 색깔의 카드를 뽑는다.

6) 물음표 칸에 도착했을 때는 도전하기 전 자신이 맞힐 개수를 미리 말하고, 맞힐 카드 개수를 정확히 예상했을 때는 말이 전진할 수 있고, 예상하지 못했을 때는 전진할 수 없다.

1) 10개의 단어가 나와 있는 카드를 읽은 후에 기억한 뒤 말하게 할 수도 있다.

2) 보드판을 활용할 수도 있지만 구어 작업기억의 목표로 활용할 때에는 보드판을 사용하지 않은 상태에서 주제에 맞는 단어를 연상하여 아동들이 표현할 수 있도록 제안할 수 있다.

3) 카드의 색에 따라 난이도가 있으므로 묶음 카드를 미리 상담 사가 보고 구분을 해놓도록 한다. 예를 들어, 주황색 카드 묶음 중에서 아이와 진행할 때 조금 더 아이가 연상을 잘 할 수 있는 주제들을 미리 선별하여 준비해둔다.

4) 아이와 함께 번갈아가며 주제를 선정하고 주제를 듣고 떠오르는 단어를 말하도록 유도한다. 이때 정답 확인기를 사용해 몇 개를 맞혔는지 기록하며 아이에게 보여준다.

5) 정답 확인기를 보여주는 이유는 카드에 있는 것 말고도 더 다양한 단어를 아동들이 연상해서 이야기하게 되어 있는데, 보통 주제에 맞는 정답들 중 특이한 정답이 하나씩 들어 있기 때문에 정답 확인기를 확인하면 조금 더 연상을 많이 하도록 이끌어낼 수 있다.

6) 주제를 이야기하고 서로 연상해서 표현하는 과정을 통해 상식에 대한 요소와 단어를 떠올려보는 과정을 연습해볼 수 있다.

7) 상담사는 아동이 떠올려야 하는 과정에서 어려움을 겪는다면 힌트를 주어 범주를 좁혀 기억하게 할 수도 있고 반대로 하는 경우에도 아동에게 정답보다는 힌트를 제시하게 하여 다양한 형태의 방향성을 제시하고 언어적 표현을 향상시키는 데 사용할 수 있다.

확장

1) 주제만 보고 같이 종이에 적어서 10개의 단어를 적은 후에 비교해볼 수 있다.

2) 카드에 있는 주제 이외에 상담사나 아동이 직접 주제를 만든 후 10개의 단어를 적고 상대방이 정답을 이야기하도록 할 수 있다.
   예 나무 이름 대기: 사과나무, 벚나무, 감나무, 단풍나무, 느티나무, 소나무, 잣나무, 배나무, 상수리나무, 은행나무…

3) 한 사람이 주제에 대한 단어를 말할 때, 상대방은 다른 주제의 단어로 간섭 자극을 줄 수 있다.

따라 말하기

목표: 구어 작업기억

- 보조 목표: 청각주의집중

준비물: 따라 말하기 단어 워크시트

절차

1) 들려주는 단어를 듣고 기억한 후에 순서대로 따라 말하는 방식
   이라고 아동에게 설명한다.

2) 정답 여부를 O, X로 체크하고 오반응에 대해서는 기록을 해놓
   도록 한다.

3) 단어를 정하는 데 일상단어, 숫자, 상식단어, 의미 없는 단어
   등을 활용할 수 있다.

1) 아동의 연령이나 발달수준에 따라서 단어의 숫자를 정할 수 있다.

2) 처음에 아동에게 "선생님이 이제 단어를 들려줄 거예요. 선생님이 들려주는 단어를 잘 듣고 기억한 후에 다섯을 세면 그때 방금 들었던 단어를 다시 말해주면 돼요"라고 설명한다.

3) 최대한 한 번 들려줬을 때 아동이 기억한 후에 따라 말하는 것을 전제로 하되, 난이도가 높아질수록 2~3회 정도 말한 뒤 기억하고 따라 말하게 하는 것도 방법이다.

4) '바-나-나'와 같이 쉬운 단어나 '대-학-교'와 같은 의미 있는 단어를 사용하고, '벡-료-탕'과 같은 의미 없는 단어를 말해 기억하게 하는 순서로 진행한다.

▮확장

1) 아이들의 수준에 따라서 쉬운 단계인 2단어부터 9개까지 단어를 기억하게 준비해둔다.

2) 부록에 있는 예시 이외의 단어를 직접 만들어서 아동들에게 제시할 수도 있다.

3) 단어를 듣고 거꾸로 말하는 방법으로 진행할 수 있다.

☞ 선생님이 들려주는 단어를 듣고 기억한 후 5초 후에 똑같이 말해보세요.

(워크지는 www.iccc.or.kr 자료 게시판에 회원가입 후 다운로드 받으세요)

예 강-아-지 ⇒ 강, 아, 지			
	정답 (O / X)		정답 (O / X)
1단계			
머-리		학-교	
고-난		엄-마	
아-빠		동-생	
배-구		됴-퍄	
2단계			
사-칠-구		바-닷-가	
도-자-기		랑-데-뷰	
청-소-기		호-박-잎	
레-미-콘		랴-툐-훌	
3단계			
해-수-욕-장		스-마-트-폰	
파-란-만-장		고-양-이-밥	
안-마-의-자		강-아-지-똥	
파-나-카-토		맵-닥-톨-료	
4단계			
통-퍼-료-키-요		네-이-마-르-됴	
퐝-교-랑-봉-토		골-동-죠-료-비	
멕-탈-발-뮤-달		임-칭-답-캬-픽	
악-닥-캭-탁-픽		말-답-착-카-겨	

라온

목표: 구어 작업기억

- 보조 목표: 음운인식능력, 인지유연성

준비물: 라온 보드게임

1) 타일들을 잘 섞은 뒤, 자음 타일 11개와 모음 타일 9개를 나눠 갖는다.

2) 모래시계를 뒤집은 다음, 가지고 있는 한글 타일들을 이용해서 단어를 만든다. 단어는 가로 혹은 세로로 연결해서 만들 수 있다.

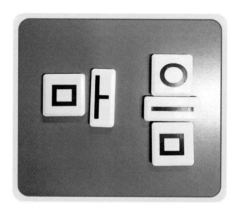

3) 3분이 지나 모래시계의 모래가 다 떨어지면 게임이 끝난다. 이때 단어의 점수를 계산한다. 단어의 점수는 글자 수가 많을수록 높아진다.

4) 20개의 타일을 전부 사용해서 단어를 만들었다면 추가 점수 10점을 얻는다.

1) 모음과 자음 하나하나의 모양을 인식하고 쉽게 기억할 수 있는 전략들에 대해서 이야기해본다.

2) 처음에는 단어가 생각나지 않는 아동에게 단어를 알려주고 찾아서 낱말을 완성할 수 있게 돕는다.

3) 단계를 제시하는데, 처음에는 두 음절의 단어로만 진행하고 익숙해지면 세 음절 이상의 단어로만 만들도록 제안한다.

확장

1) 난이도에 따라 소리를 듣고 낱말을 찾는 방법이 있고, 낱말을 보여주고 제거한 후 스스로 단어들을 상기시키면서 낱말 타일을 만들어가는 방법도 있다.

2) 특정 자음이나 모음의 개수를 지정해서 단어를 만들 수 있도록 한다.
   예 ㄴ, ㅏ만 사용하여 2음절을 만드세요: 모자, 사고, 목장 등

스토리 크리에이터

목표: 구어 작업기억

- 보조 목표: 인지유연성, 계획적 사고, 문제해결능력

준비물: 스토리 크리에이터 보드게임

1) 1인 play: 플롯 카드를 고른 후 배경, 액션, 아이템, 감정 카드
를 혼자 선택하여 나만의 스토리를 만들어볼 수 있다.

2) 2인 play: 1개의 줄거리, 1개의 배경, 2개의 캐릭터, 1개의 감정
으로 두 명이 카드를 주고받으며 스토리를 만들어볼 수 있다.
스토리를 완성하기 위해서 마지막으로 선택한 아이템을 스토
리의 설정에 포함한다.

1) 상담사는 배경, 인물, 도구 세 가지 카드를 아동에게 제시하여 기억하게 한다.

2) 세 가지 카드를 안 보이게 하고, 기억을 하면서 감정과 행동 카드만을 이용하여 이야기를 만들게 한다.

3) 배경, 인물, 도구 카드를 제외한 감정과 행동 카드의 사용 개수 제한은 없지만 필요 시 개수를 제한할 수 있다.

4) 아동이 만든 이야기를 듣고 상담사는 기억하게 한 내용이 맞는지, 문장의 구조가 맞는지 판단하여 맞으면 칩을 제공하여 동기를 유발시킨다.

확장

1) 상담사가 미리 만들어둔 스토리를 아동에게 들려준다. 스토리를 듣고 난 후에 아동이 배경 카드부터 캐릭터, 사건, 아이템 카드 등을 골라 장면을 만들어내며 스토리를 그대로 재현하도록 하고 이를 마친 후에는 스토리만 다시 말로 해볼 수 있도록 한다.

2) 처음에는 짧은 문장을 기억할 수 있도록 스토리를 만든다.
   예 하늘에서 떨어지는 사과를 보며 웃었어요.

3) 작업기억 향상을 위해서 문장을 다 들은 다음에 아동이 카드를 이용하여 스토리에 맞게 카드를 배열하도록 제안한다.

4) 이후에는 좀 더 복잡한 구성의 스토리를 듣고 아동이 스토리를 기억한 후에 카드를 배열할 수 있도록 연습한다.

레오

목표: 구어 작업기억

- 보조 목표: 계획능력, 공간 작업기억

준비물: 레오 보드게임

1) 침대를 시작으로 미용실까지 카드를 배열하여 길을 만든다.

2) 레오와 수다를 떨고 싶은 동물 친구들이 줄을 서 있기 때문에 각 동물들마다 수다 떠는 시간을 확인하고 미용실 문이 닫히기 전까지 도착을 해야 한다.

3) 얼룩말을 만나면 1시간, 코뿔소를 만나면 2시간, 악어를 만나면 3시간, 앵무새를 만나면 4시간, 암사자를 만나면 5시간이 지나가는 규칙이 있다.

4) 미용실 문이 닫히면 머리가 길어지기 때문에 5일이 지나기 전까지 미용실에 도착해야 한다.

5) 5일이 되기 전에 어떤 동물들을 만났는지 기억하여 도착할 수 있게 길마다 어떤 동물 카드가 있었는지 기억을 해야 한다.

도움tip

1) 레오의 머리가 자라기 전까지 미용실에 도착을 해야 하기 때문에 상담사는 아동과 협동해서 도착하도록 이야기한다.

2) 카드를 뒤집어서 동물이 나오면 최대한 동물 이름으로 기억할 수 있도록 한 번씩 아동과 함께 이야기하는 시간을 갖는다.

(악어, 얼룩말, 앵무새: 순서대로 눈을 감고 동물들의 이름을 말하도록 유도한다)

3) 손에 든 카드만큼 이동할 수 있는데, 길 타일을 뒤집었을 때 사

용한 카드와 같은 색이면 앞으로 나아갈 수 있지만 다른 색이면 시간을 허비한 것이 된다. 따라서 협동하는 것처럼 한 사람이 뒤집은 카드에 어떤 동물과 색이 있는지 같이 생각하는 시간이 필요하다.

4) 칸을 지나갈수록 동물들의 이름을 더 많이 외워야 하기 때문에 순서를 잠깐 멈추고 아동이 어디까지 기억을 하고 있는지 한 번 확인해볼 수 있다.

5) 처음에는 운에 의해서 진행되는 것 같지만 회를 거듭하면 기억을 해야 통과를 할 수 있기 때문에 연상하여 기억을 잘 유지할수 있도록 제안을 수시로 해준다.

확장

1) 시간이 오래 걸리는 암사자나 앵무새를 제외하고 쉽게 진행할 수도 있다.

2) 한 종류의 색만을 이용해 한 칸씩 이동하여 동물의 이름을 기억하게 한다.

3) 메모리 게임처럼 카드를 배열한 후에 같은 카드를 찾도록 하는 방식으로 진행할 수도 있다.

시장에 가면

▌ 목표: 구어 작업기억

\- 보조 목표: 청각 작업기억, 청각주의력

▌ 준비물: 없음

▌ 절차

1) 순서를 정하고 제시어를 선정한다(병원, 학교, 동물원 등).

2) 앞 사람이 이야기한 단어를 기억해서 앞 사람이 이야기한 것을
   말한 뒤 자신이 생각한 단어를 추가한다.
   예 시장에 가면 사과도 있고 → 시장에 가면 사과도 있고, 바나나도
   있고 → 시장에 가면 사과도 있고, 바나나도 있고, 딸기도 있고…

3) 앞 사람이 이야기한 단어의 순서를 틀리게 말하거나, 새로운
   단어를 정해진 시간 안에 말하지 못하면 탈락하게 된다.

1) 게임을 진행하기 전에 주제어에 해당하는 물건, 인물 등에 대해 미리 살펴보고 자신의 경험을 이야기해보는 것이 기억능력을 높이는 데 도움이 된다.

2) 중간에 기억이 나지 않을 때에는 찬스(시간 늘리기 찬스, 찾아보기 찬스 등)를 활용하도록 하는 것이 참여도를 높이고 긴장감을 낮추는 데 도움이 된다.

3) 이야기를 만들기, 나눠서 기억하기, 앞 글자 떼기 등의 기억전략을 활용하는 것도 도움이 된다.

확장

1) 아동의 나이, 흥미, 지식수준에 따라 제시어를 다양하게 제시(나라, 시대, 장소 등)할 수 있다.
   예 '조선시대에 가면', '유럽에 가면', '쥬라기 공원에 가면', '수족관에 가면', '문구점에 가면', '카페에 가면' 등

2) 기억한 단어들을 활용해서 문장을 만들어보는 활동으로 연계할 수 있다.
   예 병원에서 간호사 선생님이 내 이름을 불러 의사 선생님께 진찰을 받았다. 주사를 맞아야 한다고 해서 울었더니 간호사 선생님이 잘 맞고 나면 사탕을 주신다고 했다.

3) 같은 주제를 반복하는 경우에는 단어 중에서 간섭조건을 설정하여 난이도를 높일 수 있다.

　예 시장에 가면을 반복한다면, 빨간색이 들어간 단어 금지, 특정 초성 단어 사용 금지 등

스택 버거(Stack Burger)

▌목표: 구어 작업기억

- 보조 목표: 문제해결력, 순차처리능력

▌준비물: 스택 버거 보드게임

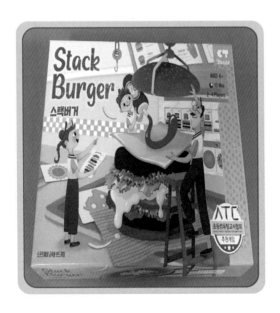

1) 목표한 햄버거 카드를 보고 재료 타일들의 순서와 위치를 잘 기억하여 햄버거 카드를 완성한 사람이 요리사 모자를 얻는다.

2) 햄버거 카드의 요리사 모자 10개 이상을 먼저 모으면 승리한다.

3) 완성된 햄버거 카드 36장, 재료 타일 7가지(총 28장)이 있다.

4) 점수별로 난이도가 있기 때문에 난이도를 조절하여 진행할 수 있다.

5) 햄버거 카드 3장을 공개하고 재료 타일을 잘 섞어서 14장을 배치한다(종류별로 2장씩).

6) 자신의 차례가 되면 2가지를 할 수 있는데, 첫째는 게임 판에 놓여진 재료 타일을 뒤집어 확인하는 것이고 둘째는 햄버거 카드를 완성하는 것이다.

7) 펼쳐진 3장의 완성된 햄버거 카드 중 완성하려는 것을 지목한 후 14장의 카드 중에서 순서대로 기억한 카드를 뒤집으면 성공! 순서가 틀리면 다시 카드를 원래대로 뒷면이 보이게 뒤집는다.

8) 햄버거를 완성한 사람은 한 번 더 도전을 할 수 있다.

1) 서로 번갈아가며 카드를 뒤집어 어떤 카드가 있는지 확인해볼
   수 있다.

2) 중재 전에 재료 타일의 이름을 같이 이야기한다. 햄버거빵, 참
   깨빵, 토마토, 고기, 치킨, 양상추, 치즈로 말한다.

3) 그냥 카드가 보이는 대로 기억해서 맞히는 것보다 맞힐 때에는
   재료의 이름을 이야기하며 카드를 뒤집도록 유도하면 재료의
   이름을 더 잘 기억할 수 있다.

4) 완성된 빵의 아래에서부터 순서대로 재료를 보여줘야 하기 때
   문에 순서를 기억하여 뒤집도록 유도하는 것이 중요하다고 강
   조한다. 아동들의 경우 보이면 급하게 카드를 뒤집으려 할 수
   있다.

1) 난이도를 낮추기 위해서는 배열 순서에 상관없이 재료 카드를 뒤집으면 성공하는 것으로 설정할 수 있다.

2) 조금 더 어려운 방법으로는 2장의 카드를 모두 성공시켜야 요리사 모자를 가져갈 수 있도록 규칙을 만들 수도 있다.

씽어마봇

목표: 구어 작업기억

- 보조 목표: 시각 변별, 시각적 단기기억, 주의간섭억제

준비물: 씽어마봇 보드게임

절차

1) 카드를 둘이서 똑같이 나누어 가진 후 앞이 보이지 않게 뒤집 어놓는다.

2) 서로 돌아가면서 카드를 한 장씩 중간에 내려놓는다. 처음 보 는 로봇 그림일 경우에는 카드를 낸 사람이 로봇의 이름을 지 어준다.

3) 카드를 넘기다가 이미 이름이 정해진 로봇 그림이 나오면 재빨리 그 로봇의 이름을 기억해서 말하는 사람이 해당 로봇 카드와 지금껏 쌓인 카드 더미를 획득한다.

4) 획득한 카드 더미는 자신의 옆에 로봇 그림이 보이게 쌓아둔다.

5) 플레이어들이 획득해서 옆에 쌓아둔 카드 더미들 중 맨 위에 보이는 카드가 매우 중요하다. 이 카드가 게임 진행 중에 나오게 될 때는 카드의 이름이 아닌 "씽어마봇"을 빨리 외치는 사람이 상대방이 획득한 카드 더미를 몽땅 빼앗아 오게 된다.

6) 따라서 게임 중 자신과 상대방이 획득한 카드 더미의 맨 윗장을 수시로 확인하면서 진행하여야 한다.

7) 카드가 다 없어지고 난 후 획득한 카드 더미가 많은 사람이 승리한다.

8) 한 판이 끝나고 다음 판을 할 때에는 이전 판에서 나왔던 이름을 다시 사용할 수 없다(즉, 이전 게임에서 기억했던 이름이 간섭 작용을 하게 된다).

도움tip

1) 초반에는 로봇의 종류를 줄여서 게임을 한다. 아동의 수준에 맞추어서 로봇의 종류를 정한다.

2) 초반에는 아동들이 자유롭게 아이디어를 내서 이름을 짓도록 하는데, 본인이 기억하기 쉬운 이름이어야 함을 알려준다.

3) 로봇의 이름은 되도록 로봇의 특징과 관련된 이름으로 짓는다. 이름을 기억하는 수준이 좋아지면 무관한 이름이나 기억하기 어려운 수준으로 지어 난이도를 조정한다.

4) 평소 자기 의견이나 표현이 부족했던 아동들, 언어적 추상성이 떨어지는 아동들은 로봇의 중요한 특징을 뽑아내서 이름을 짓는 것에 서투르다. 상담사가 어떤 부분 때문에 그런 이름을 짓는지에 대해서 설명해주는 모델링이 필요하다.

5) 부주의가 심하거나 속도가 느린 아동들은 씽어마봇 규칙에서 계속 실패하게 된다. 획득한 카드 더미를 체크해야 한다는 것을 계속 놓치게 되며, 씽어마봇이 되는 카드가 빠르게 변화하는 상황에 잘 적응하지 못한다.

1) 다른 이미지(차, 공룡, 연예인 등)를 활용하여 같은 방식으로 게임을 진행할 수 있다.

감정 N-BACK

목표: 구어 작업기억

준비물: 감정 N-BACK 워크시트

절차

1) 상담사는 다음에 열거된 단어들을 아동에게 읽어주는데, 단어 목록을 아동이 사전에 보지 않도록 한다.

2) 아동은 반복되는 단어가 있는지 주의를 기울이며 듣는다.

3) 두 단어 전에 나온 단어가 다시 반복되는 것을 들으면, 박수를 치면서 상담사에게 그 단어가 긍정적인지 부정적인지 중립적인지 말한다(답은 진한 글자로 표시되어 있음).

4) 이 과제를 마치고 나면 이번에는 세 단어 전에 나온 단어가 반복되는지 주의하면서 똑같이 수행하게 한다.

1) 작업기억이 부정적 단어를 제거하고 긍정적 단어에 집중하는 데 익숙해지도록 하기 위해서는 규칙을 세부적으로 적용하여 긍정단어일 때만 박수를 치며 말하게 할 수 있다.

2) 감정단어 분류 자체가 힘든 아동일 경우, 감정단어에 대한 학습을 선행한 후 본 프로그램을 적용하도록 한다.

확장

1) 단어목록을 아동의 수준에 따라 매회기 변화를 주어 수행할 수 있다. 기본 감정단어인 분노, 두려움, 행복, 슬픔, 흥미, 놀라움, 혐오, 수치심의 8가지 단어를 활용하여 단어목록에 변화를 줄 수 있다.

2) 아동의 수준에 따라서 3-BACK, 4-BACK으로 확장할 수 있다.

(워크지는 www.iccc.or.kr 자료 게시판에 회원가입 후 다운로드 받으세요)

두 단어 전 찾기	정답	세 단어 전 찾기	정답
컴퓨터		꽃	
즐거움		기쁨	
행운		밝다	
즐거움	긍정	**꽃**	중립
행운	긍정	후회	
무서움		가위	
괴로움		강요당하다	
무서움	부정	강요당하다	
괴로움	부정	평화	
카메라		우울하다	
그네		미치다	
포옹		**평화**	긍정
그네	중립	**우울하다**	부정
행복함		고통	
학교		자신감	
안전하다		강아지	
학교	중립	죄책감	
고양이		**자신감**	긍정
고양이		**강아지**	중립

오늘은 내가 요리사

| **목표: 구어 작업기억** |
- 보조 목표: 계획능력

준비물: 급식표, 식판 그림, 음식 사진(선택사항)

절차

1) 학교에서 나눠주는 급식표를 준비하고, 날짜를 선택한다.

2) 정해진 시간에 해당 날짜에 나오는 메뉴를 기억한다.

3) 자신이 기억하는 메뉴를 종이에 적어본다. 순서를 맞힌 것은 2점, 순서는 틀렸지만 음식 이름을 맞혔을 때 1점으로 체크를 한다. 점수가 높은 사람이 이기게 된다.

1) 게임을 진행하기 전에 좋아하는 급식 메뉴, 싫어하는 메뉴 등 등 관련된 정보에 관해 이야기를 나누는 것이 기억능력을 높이는 데 도움이 된다.

2) 해당 날짜의 급식메뉴 시간표를 보고 이에 대한 자기 생각이나 전체적인 느낌 등에 관해 이야기를 나눈다.
   예 "오늘은 좋은 메뉴예요. 제가 좋아하는 돈가스와 떡볶이가 나오는 날이네요. 다만, 된장국은 싫어요."

3) 아동의 수준에 따라 제시되는 메뉴의 개수를 조절할 수 있다.

4) 아동이 스스로 영양사가 되어 메뉴를 만들어서 제시할 수 있다.

1) 아동의 나이, 흥미, 지식수준에 따라 제시어를 다양하게 제시 (운동선수, 연예인, 역사 인물, 캐릭터 등)할 수 있다.
   예 오늘 축구 선수 명단, 이번 주 음악 차트 순위 등

2) 자신이 좋아하는 주제로 직접 문제를 만들어서 제시해보는 활동으로 연계할 수 있다.
   예 힘이 센 공룡 순위, 내가 좋아하는 연예인 순위, 월드컵 축구 선수 명단 등

월요일	화요일	수요일	목요일	금요일
2일	3일	4일	5일	6일
쌀밥 비엔나케찹조림 임연수구이 열무된장무침 깍두기/갈릭파이	찰흑미밥 육개장 청포묵 치즈떡볶이 야채튀김	콩나물밥 두부국 닭갈비 해물부추전 배추김치	찰보리밥 미역국 오리불고기 호박샐러드 배추김치	쌀밥 냉이된장국 수제돈까스 계란찜 깍두기
9일	10일	11일	12일	13일
들깨오리탕 부대찌개 동태당면찜 가자미카레구이 깍두기	혼합잡곡밥 참치김치찌개 메추리알볶음 삼치구이 배추김치	카레라이스 북어채계란국 순대야채볶음 콩나물무침 배추김치	검정콩밥 동태매운탕 납작불고기 두부양념조림 과일	차조밥 물만두국 후라이드치킨 고등어무조림 취나물무침
16일	17일	18일	19일	20일
차수수밥 안동찜닭 해물김치전 브로콜리 배축김치	하이라이스덮밥 순두부찌개 치킨까스 소고기연근조림 오이무침	현미밥 시래기된장국 한방수육 콩나물파채무침 감자곤약조림	경정콩밥 뼈감자탕 탕수만두 야채계란말이 깍두기	비빔밥 감자된장국 미트볼조림 옛날소시지전 깍두기
23일	24일	25일	26일	27일
카레라이스 북어계란국 순대야채볶음 취나물무침 깍두기	쌀밥 계란말이 치킨까스 막국수무침 볶음김치	껌정콩밥 닭계장 가자미구이 열무된장무침 배추김치	쌀밥 콩나물국 파닭 멸치볶음 배추김치	옥수수밥 시래기국 소세지야채볶음 콩나물무침 배추김치

(워크지는 www.iccc.or.kr 자료 게시판에 회원가입 후 다운로드 받으세요)

마법의 미로

목표: 시공간 작업기억

- 보조 목표: 시지각 처리, 시공간 구성, 억제훈련, 계획하기

준비물: 마법의 미로 보드게임

1) 마법 심볼 칩은 떼어내어 검은 천 주머니에 담아둔다.

2) 테이블 중간에 상자를 놓고 지하 미로 판을 상자 안에 넣고 나무 벽을 끼운다. 설명서에 제시된 A미로나 B미로 모양을 참고하여 아동과 길을 만들 수도 있고 다른 모양으로 길을 만들게 할 수 있다(중요: 어떤 구역이라도 들어갈 수 있는 길을 하나는 남겨두어야 한다).

3) 지하 미로 판에 미로 길을 만든 뒤에 바닥 판을 그 위에 올려둔다.

4) 각자 자기가 원하는 색의 마법사 말과 금속 구슬 한 개씩을 가져가서 미로의 네 귀퉁이에 한 사람씩 자기 말을 놓고 게임을 시작한다(두 명이 게임을 할 때는 서로 가장 먼 반대쪽 귀퉁이에서 게임을 시작한다).

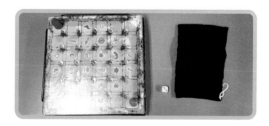

5) 자기 마법사를 귀퉁이의 시작 칸에 놓고 금속 구슬을 바닥 판 아래로 마법사 발밑의 자석에 조심스레 붙인다.

6) 심볼 칩이 든 천 주머니를 게임 판 옆에 두고 먼저 차례인 사람이 '주머니에서 보지 않고' 심볼 칩 하나를 꺼내 같은 모양이 그려진 칸에 칩을 놓아둔다.

7) 자기 차례에 주사위를 던져 나온 숫자만큼 자기 마법사를 움직여 마법 심볼이 놓인 칸에 먼저 도착하는 사람이 심볼을 얻는다. 한 사람이 5개의 마법 심볼을 모으면 게임이 끝난다(가로나 세로, 어느 방향이든 움직일 수 있고 중간에 방향을 바꿔도 되지만 대각선으로 가로질러 움직일 수는 없다).

도움tip

1) 설명서에 제시된 그림 A미로는 나무 벽이 19개, 그림 B 미로는 나무 벽이 24개 들어가는데, 처음 시도의 경우 그림 A의 미로를 우선 만들어보고 몇 개를 빼거나 추가하는 식으로 진행해본다.

2) 아동의 시공간 작업기억 수준으로 고려하여 미로 길을 만드는데, 아동이 직접 나무 벽을 설치하면서 해당 길이 막혔다는 것을 기억하도록 촉구한다. 또한 바닥 판으로 위를 덮기 전에 미로 길을 전체적으로 훑어볼 수 있는 기회를 준다.

3) 참가자가 돌아가면서 심볼 칩을 뽑아 게임 판에 놓으면 해당

판은 그 심볼 칩을 얻기 위해 막히지 않은 길을 찾아 자신의 말을 옮겨야 하는 것이다. 주사위를 던져 나온 수만큼 자신의 마법사 말을 옮길 수 있다.

4) 주의할 점은 아동이 자신의 마법사 말을 움직일 때 한 번에 움직이지 않고 벽이 세워져 있는지 슬쩍 시험하면서 움직이는 것은 시공간 작업기억을 방해하게 된다. 따라서 게임 내에서 몇 번 정도 벽을 치면서 확인할 기회를 가질지 참가자 끼리 약속을 한 후에 진행한다.

5) 다른 마법사가 있는 칸을 지나칠 수는 있지만 같은 칸에 서 있을 수는 없다.

6) 미로 벽에 부딪치면 구슬이 떨어져 네 귀퉁이 중 한 곳으로 쇠구슬이 나오게 되는데 이럴 경우 출발 위치로 돌아가서 자신의 차례에 다시 시작해야 한다. 반복해서 같은 장소에서 떨어뜨리는 아동에게는 신중하게 말을 옮기게 하며 앞서의 경험에서 어느 길이 막혀 있었는지 상기시키는 작업을 상담사와 자주 해야 한다.

확장

1) 아동이 미로를 구성하는 데 익숙해지면 스스로 창의적으로 미로 길을 만들게 할 수 있으며, 미로 길의 유형에 따라 다양하게 진행할 수 있다. 참가자들이 돌아가면서 한 번씩 길을 만드는

주체가 되어보는 것도 의미가 있다.

2) 시공간 작업기억을 보완하기 위해 '왼쪽, 오른쪽, 위, 아래' 식
으로 언어적 명명을 병행해서 기억하는 방법이 필요한 아동도
있다.

3) 해당 판에 뽑힌 심볼 칩의 위치가 상대방에 비해 자신의 말이
너무 먼 곳에 위치해 있다면, 처음 시도 시에만 주사위를 두 번
던진 합만큼 길을 옮길 수 있도록 협의하여 규칙을 조정할 수
있다.

4) 기본 규칙은 심볼 칩을 많이 얻는 쪽이 승리하는 것이지만, 심
볼을 얻을 때마다 심볼 상징에 따른 액션 규칙을 아동과 정하
여 흥미를 더 불러올 수 있다.
예 박쥐 심볼: 날갯짓 액션, 거미줄 심볼: 스파이더맨 액션 등

5) 만약 너무 어려워하는 아동이 있다면, 게임 판을 들어서 아래
의 미로를 다시 확인할 수 있는 '다시보기 찬스'를 줄 수 있다.

치킨 차차

목표: 시공간 작업기억

- 보조 목표: 시각 분별력, 시각적 단기기억력

준비물: 치킨 차차 보드게임

1) 팔각형 꼬꼬 마당 타일 12개를 잘 섞어 가운데에 뒷면으로 흩어놓고, 달걀 모양 운동장 타일 24개를 잘 섞어 꼬꼬 마당 타일 주위에 둥글게 앞면으로 늘어놓는다. 각자 게임 말을 하나씩 고르고, 색깔이 맞는 깃털을 꼬리에 끼운다.

2) 각자의 게임 말을 운동장 타일 위에 올려놓는데, 이때 게임 말 사이의 거리가 최대한 같게 되도록 놓는다.

3) 자기 차례마다 팔각형 꼬꼬 마당 타일 중 1개를 골라 앞면으로 뒤집는다. 펼친 타일이 자기 게임 말 바로 앞에 있는 운동장 타일과 같은 그림이라면 자기 게임 말을 한 칸 앞으로 움직인다.

4) 펼친 타일이 자기 게임 말 바로 앞에 있는 운동장 타일과 같은 그림이라면 자기 게임 말을 한 칸 앞으로 움직인다. 펼친 타일은 원래 있던 자리에 다시 뒷면으로 놓고, 새로운 타일을 골라 펼치는 식으로 틀릴 때까지 계속 진행한다.

5) 펼친 타일이 자기 게임 말 바로 앞에 있는 운동장 타일과 다른 그림이라면 게임 말을 움직일 수 없으며 즉시 타일을 다시 뒷면으로 뒤집고 차례를 마친다.

6) 게임 중 다른 게임 말의 바로 뒤에 도착했으면, 그 게임 말의 앞에 있는 운동장 타일과 같은 그림을 찾아야 한다. 성공했다면, 그 게임 말을 뛰어넘어 전진하며, 그 게임 말이 가지고 있던 깃털도 모두 뽑아내 게임 말에 끼운다. 만약 앞에 여러 개의 게임 말이 나란히 붙어 있을 경우, 한꺼번에 뛰어넘을 수 있다. 성공하면 뛰어넘은 게임 말들의 모든 깃털을 빼앗아 온다.

도움tip

1) 카드 동물 인식하기: 각 동물의 특징을 기억할 수 있도록 각 동물의 형태나 색깔 또는 습성의 특징에 대해서 이야기하여 동물 카드 익히는 것을 돕는다.

2) 자리 익히기: 각 동물의 자리를 기억할 수 있도록 공간을 구조화하는 전략을 이야기하거나 주변의 동물들을 기억하게 하거나 동물들의 앞 이름 따기 등으로 자리와 동물 카드를 연결해서 기억할 수 있도록 유도한다.

1) 시지각 주의력이 낮다면 카드의 개수를 줄여서 시작하는 것도 방법이다.

2) 카드의 순서를 3×4의 배의 배열과 같이 배열을 정하여 수행하면 기억전략을 활용하는 데 도움을 줄 수 있다.

3) 난이도를 어렵게 하기 위해서는 중간에 기억 타일의 배열을 섞어서 변경한 후에 다시 진행하는 방법을 활용하면 더 어려운 난이도로 진행이 가능하다.

디지트(DIGIT)

목표: 시공간 작업기억, 공간회전능력
- 보조 목표: 시각적 유연성

준비물: 디지트 보드게임

1) 카드를 잘 섞어 뒷면이 보이도록 더미를 만들고, 카드 더미 맨 윗장을 더미 옆에 펼친다.

2) 펼쳐진 카드의 그림과 같은 모양이 되도록 5개의 막대를 배치한다.

3) 플레이어들은 카드 더미에서 5장씩 뽑아 상대방이 보이지 않게 손에 든다.

4) 시작할 순서를 정하고 자기 차례가 되면 '막대 옮기기'와 '카드 내려놓기'를 진행한다.
   ① 막대 옮기기: 막대 중 하나를 골라 아래 규칙에 맞게 옮긴다. 막대를 옮기지 않고 차례를 넘길 수는 없다.

- 옮긴 막대가 최소한 다른 막대 중 하나와 끝이 닿아야 한다. 면이 닿도록 놓을 수는 없다.
- 다른 막대와 평행하거나 직각이 되도록 놓아야 한다. 대각선으로 놓을 수 없다.
- 모든 막대가 이어지도록 놓아야 한다. 즉, 중간이 끊어지도록 막대를 옮길 수 없다.

② 카드 내려놓기: 플레이어가 손에 들고 있는 카드의 그림과 막대의 배치가 일치하는 경우 카드를 내려놓을 수 있다.
- 현재 차례가 아닌 사람도 카드를 내려놓을 수 있다.
- 카드에 그려진 그림이 회전하거나, 위아래 혹은 좌우가 반전된 형태로 막대가 배치된 경우에도 카드를 내려놓을 수 있다.
- 만약 아무도 카드를 내려놓지 않았다면, 현재 차례인 사람은 카드 더미에서 카드를 1장 뽑은 후 왼쪽 사람에게 차례를 넘긴다.

5) 플레이어 중 손에 든 카드를 먼저 다 내려놓는 사람이 승리한다.

도움tip

1) 연습 활동으로 5개의 막대를 가지고 만들고 싶은 숫자나 모양을 만들어보게 한다. 이 연습 활동을 하면서 막대를 놓는 규칙을 알려줄 수 있다.

2) 카드의 그림과 막대의 모양이 같은지 확인하기 위해 초보 단계일 때는 카드를 회전하는 것을 허용하나, 어느 정도 익숙해진

이후에는 심상으로 추측할 수 있도록 한다.

3) 무조건 아무 곳이나 이동시키면서 우연적으로 성공하게 해서는 안 되며, 막대를 옮기기 전에 자신이 가진 카드 모양을 자세히 관찰하도록 지도한다.

확장

1) 어느 정도 숙련된 단계라면 모든 플레이어들이 자신의 손에 든 카드를 공개한 상태에서 게임을 진행한다. 다른 사람이 가진 모양도 고려하여 막대를 움직여야 하므로 더 공간적 계획을 세워야 한다.

2) 카드를 내려놓는 규칙을 막대로 완성한 모양이 카드 그림과 대칭이 되었을 때만 허용하는 것으로 변형시키면 공간 분석에 대한 난이도를 좀 더 올릴 수 있다.

3) 플레이어마다 자기 차례에 막대를 옮길 수 있는 최대 횟수를 정하고 적은 횟수로 카드 그림과 같게 만들었다면 높은 점수를 주도록 변형할 수 있다.
　예 한 차례에 최대 3번까지 막대를 움직일 수 있게 정했다면 1번 움직여서 카드 그림과 같게 만든 경우 3점, 2번 움직여서 카드 그림을 만든 경우 2점, 3번 움직여서 카드 그림을 만든 경우 1점

탈출! 학교괴담

목표: 시공간 작업기억

- 보조 목표: 청각 작업기억, 문제해결력, 협동심

준비물: 탈출! 학교괴담 보드게임

1) 보드게임의 정해진 게임 규칙을 숙지할 수 있도록 한다. 게임의 중요한 목표는 옥상에 도착하여 비밀퀴즈를 풀어 정답을 맞혀야 하는 것이다.

2) 옥상에 올라가기 위한 조건으로는 미션 카드에 있는 보물을 2개씩 찾는 것이고, 각 방마다 숨어 있는 단서 토큰을 찾은 후 기억하여 비밀퀴즈를 풀 준비를 해야 한다.

3) 매번 랜덤으로 단서 토큰의 위치가 변동되기 때문에 미션 카드의 보물을 찾으면서도 단서 토큰의 위치를 기억해야 하며, 중간에 방해하는 요인(호러 카드)과 같은 문제 상황을 극복하여 해결해 나아가야 한다.

4) 1차적으로 보물과 단서 토큰은 복도가 있는 학교 판에서 진행을 하며, 보물을 찾은 이후에는 계단에 도착하여 계단을 올라가며 문제 상황들을 처리해야 한다.

5) 계단의 가장 위에는 옥상이 있는데 옥상에 먼저 도착한 사람이 비밀퀴즈를 풀 수 있고, 비밀퀴즈를 틀리면 중간계단으로 다시 내려가 옥상에 올라와야 문제를 풀 수 있다.

1) 매우 자극적이며 흥미를 유발할 수 있는 보드게임이기 때문에 게임의 주 목적인 시각 작업기억의 중요성을 도입에 강조하여야 한다.

2) 초반 목표인 미션 카드(보물)만 찾고 단서 토큰을 찾지 않는다면 비밀퀴즈를 절대 풀 수 없다. 따라서 보물을 찾는 것은 계단으로 가는 조건이며, 단서 토큰을 찾는 것이 비밀퀴즈를 풀 수 있는 방법이라는 것을 정확하게 인지시켜야 한다.

3) 한 번 게임놀이를 진행한 이후에는 시간이 오래 걸리기 때문에 초반 단서 토큰이 어느 정도 발견되었다면 계단 진행하는 것을 생략한 후에 정답을 맞히도록 유도할 수 있다.

4) 전반적으로 게임놀이가 흥미를 유발하기는 하지만 명확한 목표성이 없다면 작업기억의 훈련이 되지 않기 때문에 초기에 명확한 목표를 제안하고 진행하는 것이 필요하다.

■ 확장

1) 게임놀이 진행 방식으로는 시간이 오래 걸리기 때문에 선생님이 단서 토큰을 보여주면서 놓은 후 아동이 기억하여 맞히게 하는 것도 방법이 될 수 있다.

사라진 별들을 구해줘

목표: 시공간 작업기억

- 보조 목표: 시각주의력, 시각 작업기억

준비물: 별을 구해줘! 그림판 1개와 정답판, 별 그림 도구들

(워크지는 www.iccc.or.kr 자료 게시판에 회원가입 후 다운로드 받으세요)

1) 태양계의 행성들에 대한 그림을 보여주고 태양을 중심으로 행성이 있음을 알려준다.

2) 연습으로 상담사가 먼저 오려둔 행성 사진을 보여주며 위치를 표시하고 5초 있다가 아이가 따라 하여 행성의 배열을 잘 하고 있는지 확인한다.

3) 본 게임에서는 행성들이 무작위로 나열되어 있는 판을 5초 동안 주의 깊게 관찰한 후에 제시한 판은 치우고 정답 판을 보여주어 정답을 맞힐 수 있도록 유도한다.

4) 정답 판에는 네모 모양으로 비어 있는 공간이 있기 때문에 방금 제시된 그림을 주의 깊게 관찰한 후에는 정답 판 네모 칸에 주어진 행성들을 놓아 정답을 맞혀볼 수 있다.

5) 위치는 정해져 있기 때문에 행성들이 정확한 위치에 놓여지는지를 확인하는 것이 필요하다.

■ 도움tip

1) 시공간 작업기억을 활용하기 위해서는 아동들과 행성의 이름을 꼭 이야기하지 않아도 된다.

2) 눈으로 관찰한 후에 기억하고 정답을 맞힐 수 있도록 유도해야 하며, 5초의 시간을 세는 동안 기억 유지를 위해 노력하고 있는지 확인해야 한다.

3) 실제 행성들 간의 크기는 차이가 있으나 이 게임놀이는 작업기억 향상을 위해 준비한 것이기 때문에 행성들 간의 크기는 동일하게 되어 있다.

4) 아동이 언어적인 능력을 활용하여 작업기억을 쓰려 할 수 있다 (예 수성, 목성, 지구…) 이럴 경우에는 주어진 이름을 말하기 어려운 행성판을 이용하여 시각적 이미지만을 활용하여 정답을 맞힐 수 있도록 유도해야 한다.

5) 전체적으로 우주에 대한 이미지를 주기 위해서 같이 종이를 꾸며보는 것도 좋다. 우주에 대한 이미지를 상상하면서 게임놀이를 진행하다 보면 게임놀이 방식에 대한 흥미를 유발할 수 있으며 2가지의 종이판을 완성 후 선생님이 제시한 것을 아동이 기억하여 정답을 맞힐 수 있게 하면 더 다양한 활동으로 활용할 수 있다.

확장

1) 연령에 따라서 기억할 수 있는 행성의 개수를 줄여 효율적으로 기억하는 데 도움을 줄 수 있다.

2) 높은 난이도의 경우에는 태양계의 행성보다는 추상적인 행성
   사진을 이용하여 개수를 늘려서 진행할 수 있다.

팽글루 플라스틱

목표: 시공간 작업기억

- 보조 목표: 처리속도, 억제능력

준비물: 팽글루 플라스틱 보드게임

1) 펭귄 안에 색깔 알을 넣은 뒤 펭귄을 섞어서 중앙에 놓는다. 각자 빙하판을 하나씩 가져간다.

2) 주사위 2개를 동시에 던진 뒤 나온 색깔이 있는 펭귄을 찾는다. 두 개를 동시에 맞히는 경우 한 번 더 기회를 준다.

3) 6개의 펭귄을 모두 가져온 사람이 승리하게 된다.

1) 자신이나 상대방의 차례에 열게 되는 펭귄 알의 색깔을 잘 보고 기억하는 것이 필요하다는 것을 인식하도록 도움을 준다.

2) 승부욕이 높거나 연령이 어린 경우에는 찬스 카드를 만들어서 필요한 경우에 사용할 수 있도록 한다.

3) 처음에는 규칙에 맞춰 게임을 진행하고, 익숙해지면 다른 사람이 가져간 펭귄에서 자신이 던진 주사위에 나온 색깔과 일치되는 펭귄을 가져오는 등의 규칙을 추가할 수 있다. 만약 틀리는 경우에는 자신의 펭귄을 넘겨주게 된다.

│ 확장

1) 게임에 익숙해진 경우에는 주사위의 개수를 늘려서 기억하는 양을 늘릴 수 있다.

2) 중간에 펭귄의 위치를 바꿀 기회를 제공하여 문제의 난이도를 높일 수 있다.

3) 펭귄 중에서 특정 펭귄에 스티커를 붙인 후 위치를 바꾸는 섞기 활동을 통해서 아동이 보는 가운데 섞인 펭귄 중에서 목표 펭귄을 찾는 활동으로 활용할 수 있다.

4) 한 가지 펭귄이 아닌 두 개 이상의 펭귄을 섞은 후 기억해 목표로 정한 펭귄의 위치를 기억하여 찾도록 활동을 만들 수 있다.

탑댓

목표: 시공간 작업기억

- 보조 목표: 처리속도, 억제능력

준비물: 탑댓 보드게임

1) 순서를 정하고 각 사람 앞에 재료를 나눠준다.

2) 카드를 뒤집은 뒤 탑을 쌓게 된다. 규칙 중 색깔이 있는 물건
   은 탑을 쌓으면 되고, 회색으로 나온 물건은 다른 물건 안에
   넣어서 보이지 않도록 한다. 별 표시가 되어 있는 물건에는 아
   무것도 넣지 않아야 한다. 먼저 완성한 사람이 "탑댓"이라고
   외친다.

3) 먼저 "탑댓"을 외친 사람이 카드를 가져간다. 카드를 많이 가져
   간 사람이 우승을 하게 된다.

4) 순서에 맞게 끼웠을 경우 해당 카드를 가져오게 된다.

5) 카드를 많이 가져온 사람이 승리하게 된다.

1) 처음에는 색깔이 많이 있는 카드를 골라서 게임 방법에 익숙해
   지도록 한 뒤 차차 회색 카드와 추가 규칙을 사용하도록 한다.

2) 작업기억을 높이기 위해서는 카드를 보여준 뒤 뒤집어놓고 색
   깔을 기억해서 미션을 수행하도록 한다.

3) 다른 게임에 있는 벨을 활용해서 먼저 쌓은 사람이 종을 치는
   방법을 활용해서 흥미를 높일 수 있다.

확장

1) 아동이 추가 규칙을 만들어서 새로운 문제를 제시할 수 있다.

2) 공간 활용을 위해 반복해서 사용할 수 있는 도구이기 때문에
   인지훈련 전에 워밍업 활동으로 활용할 수 있다.

업 앤 다운

목표: 시공간 작업기억

- 보조 목표: 시공간기억, 공간지각력

준비물: 라벤스브루거 업 앤 다운 보드게임

1) 흰색, 빨간색, 파란색, 검정색, 노란색의 색깔을 기억하여 카드
   에 있는 모양대로 두더지를 보이게 하면 카드를 얻는 게임놀이
   이다.

2) 두더지는 양면에 색이 다르게 표현되어 있다. 예를 들어서 한
   쪽이 흰색이면 반대쪽은 검정색으로 두더지를 뽑아서 뒤집으
   면 다른 색으로 보이게 할 수 있다.

3) 여러 장의 카드가 있다. 카드를 뽑아 3번의 기회 안에 두더지
   를 뽑아 카드에 있는 색만 보이게 하면 카드를 가져갈 수 있다.

4) 예를 들어 하얀색 2개, 파란색 2개라면 자신의 차례에 두더지
   를 뒤집어서 하얀색 2개, 파란색 2개가 되게 만들면(다른 색이
   있는 것은 상관없다) 카드를 가져갈 수 있다.

5) 카드의 난이도가 높아지는 것은 점수가 높기 때문에 3턴만에

해결하는 것이 불가능할 수도 있다.

6) 따라서 남의 차례에 다운 쪽에 있는 두더지의 색이 무엇인지 기억을 하고 있다면 조금 더 효율적으로 카드에 나온 대로 색을 맞출 수 있을 것이다.

| 도움tip

1) 전체적으로 10개의 두더지의 색을 먼저 기억한다면 아무리 카드에서 많은 색을 요구한다고 하더라도 정답을 맞힐 확률이 높아진다.

2) 아이들과 진행할 때 난이도에 따라서 카드를 다 쓰지 말고 쉬운 난이도만 먼저 진행해보는 것도 도움이 될 수 있다.

| 확장

1) 10개의 업 앤 다운 두더지들의 색이 초반에는 눈에 잘 들어오지 않기 때문에 아동과 같이 색을 확인해보는 것이 도움이 될 수 있다.

2) 시공간 기억이 잘 되는 아동들에게는 중반에 두더지들의 위치를 바꿔서 다시 한번 기억을 유도하는 것도 작업기억을 사용하는 데 도움이 될 수 있다.

제2화

주의집중력

2화 개관

◇◇

주의력이란 주변에 있는 수많은 정보들 중 일부를 지각하고 필요에 따라 이를 처리하는 과정이다. 집중력이란 필요한 자료를 얻기 위한 적극적이고 선택적인 힘이며 주어진 시간 내에 과제를 완성하기 위해 의식을 모으는 과정이라 할 수 있다. 따라서 주의집중력이란 주변에서 발생하는 수많은 과제나 정보들 중 필요한 정보를 얻기 위해 다른 생각들이나 관심을 정리하여 시간 내에 정보를 얻기 위한 의식적인 과정이라 할 수 있겠다.

주의력은 중요한 부분에만 초점을 맞춰 주의하는 선택적 주의력, 오랫동안 주의를 지속하고 유지하는 지속적 주의력, 선택하고 몰두하고 조절하는 과정을 거치는 통제적 주의력으로 나누어 볼 수 있다.

주의집중력이 부족한 아동들의 경우 학교에서는 교사의 설명에 대한 집중 유지 시간이 짧고 주의를 집중하는 능력이 저조하다. 따라서 주의를 방해하는 요소가 나타나면 금세 주의가 흐트러지고 방해자극에 이끌리게 된다. 따라서 이러한 아동들은 과제를 완수하는 데 시간이 오래 걸릴 수 있으며, 행동에 대한 억제나 조절이 어려울 가능성이 있다.

주의집중에 어려움을 보이면 과잉행동, 감각추구 및 충동적인 모습이 나타날 수 있다. 때문에 주위에서 부정적인 피드백에 노출되기 쉽고 이로 인해 또래관계에서의 문제나 가정 및 학교에서 보호자와 교사와의 잦은 갈등이 나타날 수 있다.

주의집중력은 '시각주의집중력'과 '청각주의집중력'으로 구분하여 나눌 수 있다.

시각주의집중력은 시각적 정보를 수집하는 데 있어서 눈에 보이는 정보를 읽어내는 능력이라 할 수 있다. 시각주의집중력이 좋지 않은 아동은 글자나 그림을 주의 깊게 보지 못해서 정보를 놓치는 경우가 많거나, 책을 읽을 때 글자에 대해 주의집중을 하지 못해 글자 자체를 제대로 읽지 못하는 경우가 발생할 수 있다.

청각주의집중력은 소리 자극에 집중하는 능력으로, 소리와 관련된 자극에 대한 방해자극을 무시하고 지시를 정확하게 듣고 수행하는 능력이라 할 수 있다. 청각주의집중력이 부족한 아동은 학교에서는 선생님의 말씀을, 집에서는 부모님의 말씀에 제대로 귀를 기울이지 않아 자꾸 되묻거나 친구들과 대화 시 집중하지 않고 엉뚱하게 반응하거나 작은 소리에도 즉각 반응할 정도로 산만하고 대충 흘려듣는 태도를 보이는 경우가 많다.

따라서 본 워크북에서는 주의집중력 과제 중 청각주의집중력을 향상시킬 수 있는 과제와 시각주의집중력을 향상시킬 수 있는 과제를 중심으로 구성해보았다.

금고를 열어라

목표: 청각주의력

- 보조 목표: 인지억제, 행동억제

준비물: 금고를 열어라 보드게임

1) 각자 역할을 정하고 도전할 난이도를 결정한다. 금괴 12개를 넣고 뚜껑을 닫는다.

① 역할: 폭탄전문가, 매니저, 해커, 스파이(총 4명으로 2~4인 가능)

② 난이도: 1~5레벨(5레벨 성공 시 숨겨진 레벨 있음)

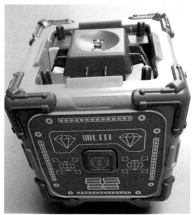 

2) 역할을 정하고 난이도를 설정하면 '보스'라는 사람이 음성으로 지시를 내린다.

3) 보스의 음성에 따라서 알맞은 도구를 가지고 오거나 동료에게 도구를 넘겨야 한다. 도구에는 드릴, 고글, 헤드셋, 폭탄, 지도, 손전등, 노트북, 장갑이 있다.

4) 예를 들어 "매니저 고글 사용해"라는 지시가 나오면 고글을 가
진 매니저는 자신의 버튼을 눌러야 한다.

5) 지시를 잘 듣고 자신의 역할과 도구에 어떠한 것들이 있는지
확인해야 하며 "모두 버튼 눌러"라는 말이 나오면 모든 아동이
버튼을 눌러야 한다.

6) 버튼을 제대로 누르면 보스가 지시하는 대로 일정 금액을 가
지고 와야 한다. 돈은 백만 달러, 삼백만 달러, 오백만 달러가
있다.

7) 제때 올바른 버튼을 누르면 금고가 조금씩 열리지만, 엉뚱한 버튼을 누르거나 버튼을 늦게 누르게 되면 금고가 열리지 않고 경고음이 들리며 놀이가 종료된다.

8) 만약 제대로 성공하게 되면 금고가 열리게 되고 금괴가 튀어나와 성공할 수 있다.

도움tip

1) 함께 게임놀이 진행 전에 "우리는 한 팀"이라고 이야기해준다.

2) 이 놀이는 혼자서 하는 것이 아니라 한 팀이 되어 지시사항을 잘 듣고 미션을 수행하여 끝까지 성공해야 하기 때문에 협동해야 한다는 것을 강조한다.

3) 금괴를 보여주고 같이 12개의 금괴를 금고 안에 다 채워 넣는다.

4) 금괴 뚜껑을 닫고 중간에 금고 뚜껑이 올라올 수 있음을 설명한다(조금씩 올라와서 나중에 금괴가 밖으로 떨어져 나온다).

5) 이제 역할을 정하는데 자신이 하고 싶은 역할을 정하고 자신이 앉아 있는 방향에 맞춰 역할 버튼을 놓아준다. 나중에 역할 버튼을 눌러야 하기 때문에 자신의 역할 앞에 있어야 한다.

6) 도구의 이름을 같이 이야기해본다. 이름이 나중에 헷갈리게 될 경우 지시문이 나오는데 도구 이름을 몰라서 허둥지둥하게 될 수 있다.

7) 난이도는 1레벨부터 5레벨까지 있는데 억제훈련을 위해서는 너무 쉬운 난이도보다는 아동의 수준에 맞춰 적절한 난이도로 진행할 필요가 있다.

8) 난이도가 높을수록 속도가 빨라야 하기 때문에 청각적 주의력도 필요하지만 지시문을 듣는 동안 행동을 억제하여 자신의 차례가 왔을 때 행동을 해야 한다.

확장

1) 연령 수준에 맞춰서 레벨 수준을 설정해야 한다. 1레벨의 경우에는 천천히 나오지만 소리가 크고 실수했을 때 경고음이 들릴 수 있기 때문에 불안이 높은 아동들에게는 미리 고지하여야 한다.

2) 무턱대고 높은 난이도에 도전하고자 하는 아동들도 있다. 이럴 때에는 단계적인 부분을 인식시키고 천천히 난이도를 맞춰서 진행할 수 있도록 해주되 수준이 높은 아동들의 경우에는 2개의 역할을 시키고 수행하면 억제기능을 조금 더 사용할 수 있다.

3) 이 게임놀이의 목적은 청각주의력과 억제능력에 목적이 있기 때문에 아동이 흥미 위주로 진행하는 것보다는 청각주의력을 사용할 수 있도록 적절한 수준에서 상황적인 배경을 이야기해 주고 상황에 집중하여 청각주의집중훈련에 맞춰 임할 수 있도록 유도해야 한다.

다빈치 코드

| 목표: 청각주의집중력

- 보조 목표: 추론능력

| 준비물: 다빈치 코드 보드게임

1) 다빈치 코드에 있는 타일을 모두 바닥에 뒤집어서 놓는다.

2) 각자 타일 네 개씩을 무작위로 가져온 뒤 오른쪽으로 갈수록 숫자가 커지도록 타일을 오름차순으로 놓는다(같은 숫자일 경우 검정 타일을 왼쪽에 놓는다).

3) 조커(-)는 원하는 곳에 마음대로 배치할 수 있다(한번 위치를 정하면 바꿀 수 없다).

4) 자기 차례가 되면 바닥에 뒤집어놓은 타일 가운데 하나를 가져와 이미 세워놓은 타일 사이에 순서에 맞게 세운다.

5) 다른 사람은 타일 가운데 하나를 정해서 어떤 숫자(0~11 혹은 조커)인지 맞힌다(맞으면 맞힌 타일을 보이게 눕혀서 놓는다).

6) 추리가 맞았다면 "Go" 혹은 "Stop" 할 수 있다(만일 계속한다면 타일은 가져오지 않는다).

7) 상대방 타일의 비밀을 모두 밝힌 사람이 승리자가 된다.

도움tip

1) 초반에는 아동에게 상담사가 빠진 정보를 재인할 수 있도록 촉진 질문을 한다.

2) 아동이 기억하고 추론하는 과정에서 어려움이 있다면 상대방의 타일이 어떤 것인지 추론할 수 있는 방법을 모델링하는 것도 도움이 된다.

예 5이하의 숫자야, 네가 가진 것은 나에게는 없어, 9와 7 사이에 있는 숫자야, 0부터 11까지의 숫자가 있어 등

확장

1) 처음에 게임을 어려워하는 경우 조커 카드를 사용하지 않고 숫자만을 사용해서 게임을 진행할 수 있다.

2) 어려워하는 경우에는 조커를 빼고 정확히 반을 서로 나눈 후 상대방의 타일을 맞히도록 유도한다면 조금 더 쉽게 이해할 수 있다.

3) 청각주의집중력의 확장을 위해서는 숫자의 높낮이와 본인의 타일과 상대방의 타일을 비교해가면서 수의 연속된 배열을 생

각할 수 있는 시간을 충분히 주어야 하며, 상담사가 모델링하는 청각 자극에 대해서 충분히 인지하고 있는지 매번 확인하며 진행하는 것이 좋다.

예 오른쪽이 큰 수고 왼쪽이 작은 수야, 5와 9 사이에 있는 숫자면 어떤 숫자일까? 흰색과 검정색이 숫자가 같으면 검정색이 왼쪽에 위치해야 해.

방금 떠올린 프로포즈의 말을 너에게 바칠게

목표: 청각주의집중력

- 보조 목표: 인지유연성

준비물: 방금 떠올린 프로포즈의 말을 너에게 바칠게 보드게임

1) 아동과 함께 색깔을 정하고 그 색깔에 맞는 초기 카드 6장과 반지 3개를 가져간다.

2) 단어 카드 200장을 잘 섞어서 더미를 만들고 중앙에 놓는다.

3) 아동과 상담사는 더미에서 카드 6장씩 뽑는다.

4) 초기 카드 6장과 더미 카드 6장을 이용하여 최대한 멋진 문장을 만든다.

5) 문장은 최대한 연결이 되어야 하지만, 꼭 한 문장은 아니어도 된다.

6) 문장을 만든 후 문장의 연결이 가장 멋진 사람이 승리한다.

예

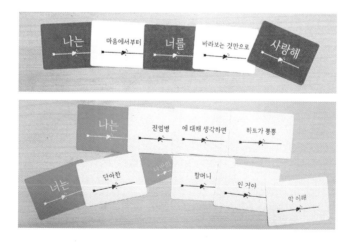

1) 적당한 문장이 생각나지 않으면 초기 카드에서 '나는', '너를', '사랑해'를 우선 만들어본다.

2) 카드를 모두 다 사용할 필요는 없다.

3) 기본이 프로포즈 게임이라 아동, 청소년에게는 적절하지 않으므로 결혼해줘, 키스, 웨딩, 가슴 등 연령에 맞지 않거나 다소 선정적인 문장이 만들어질 소지가 있는 단어 카드는 상담사가 미리 골라서 빼놓고 시작할 수 있도록 한다.

4) 뽑은 카드들로 만든 문장을 보지 않고 상대방에게 말할 수 있도록 한다.

1) 아동들이 재미있어할 만한 단어로 교체하여 사용할 수 있다.

2) 아동의 연령과 인지능력을 고려하여 단어를 미리 상담사가 선정하여 제시할 수 있다.

3) '나는' 혹은 '너는'으로 시작하는 문장의 시작점을 제시하고 아동이 이야기한 것을 카드로 제시하여 이 부분에 맞는 문장을 완성하도록 제안해야 한다.

4) 난이도 향상을 한다면 아동과 문장을 완성한 후에 그림이나 만들기 도구를 이용하여 구체화시켜 결과물을 보고 아동이 만든 문장을 바라보게 할 수 있다.

5) 만들어진 문장을 같이 읽으면서 아동이 만든 문장에 대한 내용을 이해하고 있는지, 시각자극에 주의를 빼앗겨 상담사가 이야기하는 내용에 대해서 인식하고 있지는 않은지 점검하며 진행하는 것이 좋다.

청춘 낚시

- 보조 목표: 처리속도, 억제능력

준비물: 청춘 낚시 보드게임

절차

1) 목표 카드를 가운데에 뒤집어서 놓고, 어패류 카드를 펼쳐놓는다.

2) 각자에게 그물 카드를 나눠준다.

3) 그물 카드에 나오는 어패류를 기억해서 카드를 뒤집은 뒤 그물 카드에 있었던 어패류와 목표 카드에 있던 어패류를 최대한 많이 가져온다.

4) 각자의 카드를 보고 점수를 계산한다. 계산을 할 때 보관 어패류는 1마리당 1점, 목표 어패류는 1마리당 2점, 잘못 가져온 어패류는 0점, 모두 맞히는 경우는 2점을 추가로 준다.

도움tip

1) 목표 카드의 그림을 보고 아동과 이름을 이야기해보는 시간을 갖는다. 명명화할 때 아동이 상담사의 이야기를 듣고 기억하려고 노력하는지, 집중력을 발휘하는지 점검하여야 한다.

2) 처음에는 그물 카드에 있는 단어를 펼쳐놓은 상태에서 빨리 찾는 연습을 해서 게임 방식에 익숙해지도록 하는 것도 도움이 된다.

3) 연령이나 능력에 따라 그물 카드에 단어의 개수나 기억하는 시간을 조절하여 기억하는 능력을 향상시키도록 한다.

확장

1) 제시된 주제어 대신 아동이 관심 있거나 흥미 있는 주제로 그림을 변형해서 진행할 수 있다.
   예 공룡, 동물, 캐릭터, 색깔 등

2) 게임에 익숙해지면 그물 카드에 나오지 않는 어패류를 가지

고 오는 경우 마이너스 점수를 줘서 억제하는 능력을 높일 수 있다.

3) 연령이 어린 경우에는 카드에 클립을 붙인 후 낚싯대를 만들어 직접 낚시 활동처럼 활용할 수 있다.

※ 낚싯대 만드는 방법

준비물: 나무젓가락, 실, 둥근 자석, 클립, 글루건

나무젓가락을 준비한 후 실을 나무젓가락에 묶거나 글루건을 쏘아 실을 나무젓가락에 붙인다. 이후 실의 끝쪽에 글루건을 활용하여 자석을 붙이면 낚싯대를 만들 수 있다.

클립을 카드에 끼운 후에 낚싯대를 이용해 실제 낚시를 하는 것처럼 활용한다면 아이들이 훨씬 더 즐겁게 활동에 임할 수 있다.

정해진 단어에 박수치기

목표: 청각주의집중력

- 보조 목표: 억제능력

준비물: 이야기 문장 워크시트[예] 토끼와 거북이]

절차

1) '토끼와 거북이의 경주' 이야기를 선생님이 읽어준다고 하며 시작한다.

2) 토끼와 거북이의 경주를 잘 듣고 선생님이 이야기할 때, "'토끼'가 나오면 박수를 치세요"라는 규칙을 알려준다.

3) 처음에 제목을 읽으면서 박수를 치는지 확인하고 정해진 부분에서 박수를 치면 이제 이야기를 시작하도록 한다.

1) 표적단어인 '토끼'를 상담사가 처음에는 느리게 읽어 강조하여
   아동이 인식하게 한다.
   예 토~~~~~~~~끼, 토! 끼!

2) 토끼와 거북이를 읽으면서 상담사는 아동이 '토끼' 단어를 놓치
   고 지나가는 경우에는 문장에 동그라미 표시를 하여 아동이 어
   떤 부분에서 놓쳤는지 확인을 한다.

확장

1) 토끼 혹은 거북이 중 선택하게 할 수도 있다.

2) 토끼나 거북이를 이야기할 때 박수의 횟수나 행동으로 표현할
   수 있게 한다.

3) 아이들의 발달에 따라서 긴 문장을 이야기할 수도 있고 짧은
   문장을 이야기할 수도 있다.

4) 다양한 읽기 과제를 통해서 아이들이 이야기에 흥미를 느끼고
   집중하여 행동할 수 있도록 유도할 수 있다.

☞ 선생님이 들려주는 이야기를 잘 듣고 '토끼'라는 단어가 나오면 박수를 치세요.

제목: 토끼와 거북이의 경주

어느 날, 거북이가 엉금엉금 기어가고 있었어요. **토끼**가 깡충깡충 뛰어가
다가 거북이를 보고 말했어요.

"거북아! 너는 정말이지 걸음이 느리구나. 왜 빨리 걷지를 못하니?"

토끼는 거북이를 놀렸어요. 거북이는 화가 나서 말했어요.

"바보 같은 소리 마! **토끼**야! 나는 너보다 느리지 않아!"

토끼는 깔깔깔 웃으며 말했어요.

"**토끼**인 나보다 거북이인 네가 빠르다고? **토끼**가 얼마나 빠른 줄 알아? 좋
아! 그럼 경주를 해보자!"

토끼는 **토끼**가 거북이보다 빠르다며 거북이를 약올렸어요.

"그래, 좋아!"

거북이는 화가 났지만 **토끼**를 이기기 위해서 경주를 허락했어요.

"그래! 그럼 저기 산꼭대기에 있는 나무까지 누가 먼저 가는지 내기하자!"

토끼는 산꼭대기에 있는 나무를 가리키며 이야기했어요.

"좋아! 그렇게 하자."

거북이는 **토끼**의 이야기를 듣고 경주를 수락했어요.

토끼와 거북이는 출발점에 섰고, **토끼**를 응원하는 **토끼** 친구들은 **토끼**를
응원했어요.

"**토끼** 이겨라. **토끼** 이겨라. **토끼** 이겨라. **토끼토끼** 이겨라!"

드디어 **토끼**와 거북이의 경주가 시작되었어요. 막상 경주가 시작되자 거
북이는 너무 느리기만 했어요. 거북이를 보는 다른 친구들은 "거북이 힘
내! 거북이 힘내! 거북이 거북이 힘내!"라고 응원했어요.

토끼는 거북이를 놀리면서 신나게 뛰어갔어요. **토끼**와 거북이의 사이는
점점 멀어졌어요. **토끼**는 앞서가면서 **토끼**인 자신이 이기고 있다고 확신
했어요.

"거북이는 어디쯤 오고 있을까?"

자신만만한 **토끼**는 뒤돌아보며 거북이가 한참 멀어진 것을 보고 안심을
했어요.

"거북이가 **토끼**인 나를 이길 리가 없지."

토끼는 자만하며 쉬었다 가려다 깜빡 잠이 들었어요. 이때! 거북이가 열심

히 걸어와 **토끼**가 자는 것을 확인하고 조용히 앞질러갔어요. 거북이는 **토끼**를 앞질러서 자만에 빠진 **토끼**보다 앞서서 결국 거북이가 승리하고 말았답니다!

☞ (확장) 선생님이 들려주는 이야기를 잘 듣고 '토끼'라는 단어가 나오면 박수를 치세요.

제목: 토라진 토끼와 거북한 거북이의 경주

어느 날, 거북이가 엉금엉금 기어가고 있었어요. **토끼**가 깡충깡충 뛰어가다가 거북이를 보고 말했어요.
"거북아! 너는 정말이지 걸음이 느리구나. 왜 빨리 걷지를 못하니?"
토끼는 거북이를 놀렸어요. 거북이는 화가 나서 말했어요.
"바보 같은 소리 마! **토끼**야! 나는 너보다 느리지 않아!"
토끼는 깔깔깔 웃으며 말했어요.
"**토끼**인 나보다 거북이인 네가 빠르다고? **토끼**가 얼마나 빠른 줄 알아? 좋아! 그럼 경주를 해보자!"
토끼는 **토끼**가 거북이보다 빠르다며 거북이를 약올렸어요.
"그래, 좋아!"
거북이는 화가 났지만 **토끼**를 이기기 위해서 경주를 허락했어요.
"그래! 그럼 저기 산꼭대기에 있는 나무까지 누가 먼저 가는지 내기하자!"
토끼는 산꼭대기에 있는 나무를 가리키며 이야기했어요.
"좋아! 그렇게 하자."
거북이는 **토끼**의 이야기를 듣고 경주를 수락했어요.
토끼와 거북이는 출발점에 섰고, **토끼**를 응원하는 **토끼** 친구들은 **토끼**를 응원했어요.
"**토끼** 이겨라. **토끼** 이겨라. **토끼** 이겨라. **토끼토끼** 이겨라!"
드디어 **토끼**와 거북이의 경주가 시작되었어요. 막상 경주가 시작되자 거북이는 너무 느리기만 했어요. 거북이를 보는 다른 친구들은 "거북이 힘내! 거북이 힘내! 거북이 거북이 힘내!" 라고 응원했어요.
토끼는 거북이를 놀리면서 신나게 뛰어갔어요. **토끼**와 거북이의 사이는 점점 멀어졌어요. **토끼**는 앞서가면서 **토끼**인 자신이 이기고 있다고 확신했어요.

"거북이는 어디쯤 오고 있을까?"

자신만만한 **토끼**는 뒤돌아보며 거북이가 한참 멀어진 것을 보고 안심을 했어요.

"거북이가 **토끼**인 나를 이길 리가 없지"

토끼는 자만하며 쉬었다 가려다 깜빡 잠이 들었어요. 이때! 거북이가 열심히 걸어와 **토끼**가 자는 것을 확인하고 조용히 앞질러갔어요. 거북이는 **토끼**를 앞질러서 자만에 빠진 **토끼**보다 앞서서 결국 거북이가 승리하고 말았답니다!

겟패킹

목표: 시각주의집중력

- 보조 목표: 문제해결력

준비물: 겟패킹 보드게임

1) 목적지 카드 3장을 먼저 모으는 사람이 승리한다.

2) 각자 가방 1개와 13가지 물품 한 세트를 받아서 자기 앞에 놓는다.

3) 목적지 카드를 앞면이 보이지 않게 섞어서 테이블 가운데에 놓는다.

4) 목적지 카드는 총 30장으로 구성되어 있고 난이도가 있기 때문에 조절이 가능하다. 플라스틱 가방 4개와 물품 52개가 있어서 각자 미리 준비해둘 수 있다.

5) 목적지 카드를 가운데 뒤집으면 시작이 된다. 시작을 외치면 동시에 목적지 카드를 보고 자신의 가방을 싸고 가장 빠르게 가방의 뚜껑까지 닫은 사람이 목적지 카드를 손으로 덮는다.

6) 카드를 덮은 사람이 생기면 다른 사람이 가방을 열어서 목적지 카드와 동일하게 쌓았는지 확인하고 성공하면 목적지 카드를 가져가고, 잘못 쌓았다면 물건을 모두 빼고 다시 시작한다.

┃ 도움tip

1) 아동이 전반적으로 물품을 인식할 수 있도록 하나씩 물품을 확인한다.

2) 목적지 카드를 보면서 물품 카드와 비교하고 어떤 방식으로 쌓을 수 있는지 확인하는 시간을 갖는다. 이때 가방이 '딸각'하고 닫히는 것도 꼭 확인시켜준다.

3) 공간지각을 활용해야 하기 때문에 구성품들의 모양을 확인해 직사각형으로 정리해서 넣을 수 있는지를 먼저 확인한다.

4) 무조건 가방에 구겨 넣어서 완성하는 경우가 있기 때문에 이때에는 정확하게 가방 문이 닫히는지 확인을 꼭 해야 한다. 난이

도가 높아질수록 1층뿐 아니라 2층에도 구성품들을 배치하여 차곡차곡 넣어야 문이 닫힌다는 것을 강조한다.

확장

1) 어려워하는 아동들을 위해서는 난이도가 1인 목적지 카드만 사용하여 진행하는 것이 좋다.

2) 익숙해지면 번갈아가며 카드를 뒤집고, 뒤집은 다음 바로 대결을 시작하여 속도 시합을 하는 것도 방법이다.

타쏘 사파리

목표: 시각주의집중력

- 보조 목표: 계획적 사고, 문제해결력, 공간지각능력

준비물: 타쏘 사파리 보드게임

1) 게임 판 위에 지형물 6개를 배치한다.

2) 스틱을 인원수에 맞게 똑같이 나누어 받는다.

3) 자신의 차례가 되면 자기 스틱 1개를 보드 안쪽에 올려놓는다.

4) 스틱은 게임 판 위에 수평으로 놓거나 다른 스틱 2개 위에 올려놓을 수 있다.

5) 스틱은 바닥에 닿지 않는다면 바깥으로 일부가 나와도 된다.

6) 스틱이 지형물에 닿으면 다른 사람의 스틱을 1개 가져와야 한다.

7) 스틱을 다른 스틱 2개 위에 올리는 것을 성공하면 한 번 더 놓

을 수 있다.

8) 자신의 스틱을 먼저 다 사용한 사람이 승리한다.

1) 동물별로 각 스틱의 길이가 다름을 알고 게임 전에 길이의 차를 비교해본다.

2) 게임 판 위의 지형물이 없는 상태로 진행해볼 수 있다.

1) 세로로 세워 조형물을 만들어보며 사이 공간을 최대한 활용하여 배치해보도록 한다.

2) 길이가 다른 스틱들을 활용하여 어떤 모양을 만들어볼지 머릿속으로 떠올려보고 종이에 그림으로 설계해본 후 만들기를 실행한다.

3) 게임 판에 스틱들을 이용하여 미로 찾기를 만들어 실행해볼 수 있다.

4) 한쪽에만 집착할 수 있기 때문에 자리 바꾸기 찬스와 같은 기

회를 제공하면 인지기능을 조금 더 활용할 수 있다.

5) 타인 자리에서의 인식을 활용하기 위해서 내가 보는 관점과 타인이 보는 관점의 차이에 대한 인식을 확장시키는 시간을 가져보고 이에 대한 이야기를 할 수 있도록 한다.

글자 찾기

목표: 시각주의집중력

- 보조 목표: 선택주의력

준비물: 워크시트

절차

1) 제시된 글자나 단어를 인식한다.

2) 워크시트 안에 들어 있는 다양한 글자 중에서 주어진 글자를
   찾아 동그라미를 친다.

1) 글자의 선과 곡선을 천천히 탐색할 수 있도록 이야기를 나눈다.

2) 아동에게도 모양이 어떻게 생겼는지 이야기할 수 있게 하고 모양의 특징에 대해서 의견을 나눈다.

3) 하나하나 천천히 살펴볼 수 있도록 하기 위해서 손으로 하나하나 연결해본다.

■ 확장

1) 아동의 연령이나 발달수준에 따라서 단어나 그림으로 대체해서 사용할 수 있다.

2) 아동이 원하는 글자를 찾아볼 수 있다.

☞ '가'를 5개 찾아서 동그라미 하세요.

(워크지는 www.iccc.or.kr 자료 게시판에 회원가입 후 다운로드 받으세요)

가											
야	거	개	겨	계	그	기	고	야	개	야	기	구
개	개	겨	기	그	규	고	겨	교	야	개	게	기
거	기	야	겨	교	규	긔	기	거	개	걔	기	야
야	겨	게	그	기	고	고	기	야	게	교	그	가
야	기	그	규	고	겨	교	겨	게	고	규	기	구
기	겨	교	규	긔	기	개	가	겨	게	구	거	기
겨	긔	거	야	개	교	그	기	게	기	게	기	야
구	겨	거	기	교	규	고	겨	야	그	기	규	고
기	야	겨	고	겨	규	긔	야	개	규	고	규	긔
구	겨	거	가	구	야	개	교	야	규	긔	야	개
기	그	규	고	겨	규	긔	겨	개	고	고	야	걔
구	겨	거	야	거	기	그	기	야	겨	교	교	야
거	겨	게	그	기	고	규	고	기	개	거	겨	개
구	기	그	규	고	겨	규	긔	거	가	겨	고	겨
기	겨	교	규	긔	기	고	고	야	기	규	긔	게
야	개	규	고	그	기	겨	교	구	야	게	개	기
교	야	규	긔	규	고	규	고	게	겨	게	그	기
겨	개	야	개	규	긔	규	긔	구	기	그	규	고
야	개	걔	기	고	고	야	개	기	겨	교	규	긔
가	개	거	거	겨	교	구	겨	거	구	겨	기	야

블로커스

- 보조 목표: 공간지능능력, 계획능력

준비물: 블로커스 보드게임

1) 게임 판을 테이블 가운데 두고, 각자 색깔을 정해 자신의 블록을 모두 자기 앞으로 가져온다. 아동과 누가 할지를 정하고 게임을 시작한다.

2) 자신의 차례에는 블록 하나를 골라 보드 위에 올려놓는다. 블록을 처음 놓을 때는 반드시 사각 보드의 꼭짓점 부분에서 시작해야 한다.

3) 그다음 차례부터 놓는 블록은 반드시 이미 놓여진 자신의 블록과 꼭짓점에만 닿도록 놓아야 한다. 자신의 블록끼리 변이 닿아선 안 된다. 다음 사람의 블록과는 어떻게 맞닿아도 블록을 놓을 수 있다.

4) 모든 사람이 타일을 놓을 수 없게 되면 게임이 종료된다. 게임이 끝났을 때, 각 사람의 남은 자신의 블록의 칸 수를 세고 칸수가 가장 적은 사람이 승리한다.

1) 자신이 가진 타일을 판에 두었을 때 어떤 모양이 될지 미리 생각하도록 유도한다.

2) 아동들은 다른 플레이어가 어떻게 사고할지 미리 생각하고 플레이하는 연습을 유도한다.

3) 시야를 넓게 보고 다양한 방식으로 모양 조각을 활용하는 것이 필요하기 때문에 승부에 집중하기보다는 모양을 관찰하고 어떠한 모양을 먼저 활용할지 논의하는 시간을 갖는다.

4) 1개짜리 조각의 경우에는 정말 중요한 순간에 놓아야 하기 때문에 이 부분에 대해서는 아동에게 충분히 인지시키고 진행해야 한다(마음이 급한 아동들의 경우 이 조각을 너무 빨리 사용하는 경우가 있음).

확장

1) 아동들의 수준에 맞게 규칙과 상관없이 타일을 게임 판에 최대한 많이 놓는 것을 목표로 플레이하는 것도 방법이 될 수 있다.

2) 경쟁 활동으로 진행이 되면 불안해하는 아동들이 있기 때문에 퍼즐 조각을 활용하여 정사각형의 판을 가득 채워보는 활동으로 진행할 수 있다.

라비린스

목표: 시각주의집중력

- 보조 목표: 시지각 분별 및 공간 지남력, 전략적 사고

준비물: 라비린스 보드게임

1) 시작할 사람을 정하고 시계 방향으로 게임을 진행한다.

2) 자신의 보물 카드 더미에서 맨 위에 있는 보물을 살짝 보고 다시 뒤집어놓는다. 맨 위에 있는 보물부터 차례로 찾으면서 목표를 달성해야 한다. 그 보물을 찾을 때까지 다음에 있는 보물 카드를 봐서는 안 된다.

3) 자신의 차례에 남은 미로 카드를 밀어 넣어 미로를 한 번 움직인다.

4) 미로가 연결되는 통로상에서 원하는 곳까지 자신의 게임 말을 움직인다.

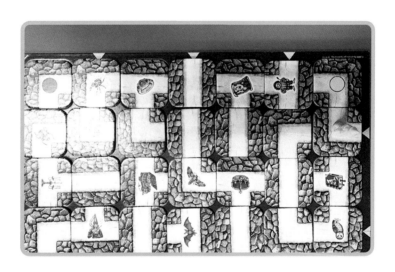

5) 만약 미로에 말이 올려져 있어 밀려나게 된다면 그 말은 밀었던 타일 위로 가게 된다.

6) 타일은 꼭 밀어야 하고 길을 따라 움직이는 건 마음대로 가도 되고 그냥 제자리에 있어도 된다.

7) 게임의 종료는 카드를 다 찾은 후 말의 원래 자리로 돌아가면 게임이 끝난다.

도움tip

1) 공간 지능 익히기: 자신이 가진 보물 카드와 자기 말의 거리감을 익힌다. 연결되어 있지 않은 땅을 자신이 가지고 있는 카드로 연결하여 목표한 보물 그림에 도착한다.

확장

1) 목표물 미로 길을 만들어 보물을 찾는 것이 어려우면 단순히 끊어진 길을 이어서 길을 만드는 연습을 통해서 시공간 개념에 익숙해질 수 있다.

2) 길을 다 연결해두고 단순한 미로 찾기와 같이 보물을 찾는 것도 방법이 될 수 있다.

숫자 찾기

준비물: 워크시트

절차

1) 워크시트 안에 있는 숫자를 순서대로 1부터 40까지 길을 찾아낸다.

2) 숫자 순서대로 선을 연결하여 마지막에 숫자에 도착한다.

도움tip

1) 아동들과 함께 각각의 숫자들을 순서대로 익혀본다.

2) 숫자의 순서대로 소리 내어 말하면서 자신이 선택하려고 하는 숫자와 목표하는 숫자가 맞는지 확인하면서 길을 찾을 수 있게 돕는다.

3) 미리 눈으로 숫자 순서와 길을 익힌 후, 필기구를 이용하여 선을 연결하도록 한다.

확장

1) 숫자를 순서대로 하는 것이 아니라 역순으로 찾아본다.

2) 시간을 측정해보거나, 시간제한을 두어 수행 속도를 높인다.

☞ 숫자 1부터 40까지 순서대로 연결하여 길을 만드세요.(워크지는 www.iccc.or.kr 자료 게시판에 회원가입 후 다운로드 받으세요)

☞	1	2	7	6	8	9	0	2	4	6	9	2	4	6	8	9	10
9	6	3	9	1	3	4	6	5	7	9	0	8	7	6	4	3	2
1	8	4	9	1	5	3	13	5	3	10	13	15	19	11	20	20	21
3	1	5	6	7	8	9	32	10	26	27	28	29	11	13	15	16	19
5	2	3	4	5	1	10	24	15	16	24	27	30	29	13	14	16	19
6	1	4	6	9	2	11	12	13	17	9	22	7	6	8	9	0	28
7	6	8	9	0	21	2	3	14	18	2	24	2	1	3	4	6	27
2	1	3	4	6	22	15	16	15	19	1	30	9	1	5	3	10	31
9	1	5	3	10	13	15	17	20	21	22	23	24	27	30	29	26	29
21	22	24	27	30	29	24	18	19	10	11	31	25	19	20	22	28	30
11	12	13	18	32	33	25	13	14	29	28	27	26	7	22	37	38	32
19	16	14	13	11	10	26	27	28	30	31	32	21	25	37	38	39	30
24	35	35	31	33	32	39	22	21	29	22	33	34	35	36	36	40	☞

씨배틀 해상전투

목표: 시각주의집중력

- 보조 목표: 공간지각력

준비물: 씨배틀 보드게임

1) 상대방이 배치한 배의 위치를 찾아서 먼저 5가지의 배를 찾아
내면 승리하는 게임놀이이다.

2) 항공모함, 전함, 순양함, 잠수함, 구축함 총 5가지의 배를 대결
하는 타인이 보지 못하도록 자신의 판에 수직 혹은 수평으로
배치한다.

3) 5가지의 배들을 모두 배치한 이후에 상대방도 배치가 끝나면
순서를 정하고 각 좌표를 부르기 위해 알파벳과 숫자의 조합을
연습해본다.

4) 우선 알파벳 A~J, 숫자 1~10까지 숫자를 이용하여 알파벳 하
나와 숫자 하나를 연결시키는 지점을 특정한 목표점이라 인식
시키고 배치된 배를 찾는 것이라는 것을 인식시킨다.

5) 만약 알파벳과 숫자의 조합에 상대방의 배가 위치해 있다면 미사일을 맞은 것으로 간주하여 상대방은 맞았는지 안 맞았는지를 이야기해주어야 한다.

6) 턴제로 한 사람이 이야기한 이후에 불발일 경우에는 하얀색 조각을 레이더에 표시하고 맞았을 경우에는 빨간색 조각을 표시하여 항공모함은 5발, 전함은 4발, 순양함은 3발, 잠수함은 3발, 구축함은 2발을 먼저 맞춰 최종 모든 함선을 먼저 찾아 침몰시키면 승리하는 방식이다.

도움tip

1) 초반 좌표를 읽는 방식에 대해서 같이 이야기를 충분히 한 이후에 진행하여야 한다.
   [예] 좌표 찾기 연습을 위해 x, y 좌표와 같이 알파벳과 숫자를 연결한 좌표를 이해시킨다.

2) 시각주의집중력을 향상시키기 위해서는 배를 모두 침몰시켜야 함을 강조하며, 한번 맞춘 이후 똑같은 장소에 맞추지 않기 위해서 자신의 레이더에 정확히 표시하는 방식에 대해서 훈련이 필요하다.

3) 중간에 자신의 배가 맞은 이후부터는 아동들이 당황하여 긴장하는 경우가 많기 때문에 상담사가 어떤 방식으로 진행할 것인지에 대해 아동들에게 충분히 인지시키고 진행하여야 한다.

예 C-5에 순양함을 맞췄을 경우에 C-6이나 C-4 혹은 D-5나 B-5에 있을 것이라는 추측을 하면서 다음 아동이 예측하여 찾을 수 있도록 유도한다.

4) 경쟁에 기반한 놀이이기 때문에 무조건 상대방을 공격하는 것에 초점을 맞추기보다는 전반적인 시야를 확보하여 폭넓게 예측할 수 있도록 유도하는 방식을 제시하는 것이 중요하다.

확장

1) 초반에 레이더에 표시하는 방식에 대해서 충분히 인지시키고 진행하는 것이 좋다.

2) 중간에 같은 좌표를 이야기할 경우에는 이야기해주어 아동이 전반적으로 폭넓게 시야를 확인할 수 있도록 유도해주어야 한다.

3) 좌표를 읽었을 때 물건이 있는 '좌표게임'을 먼저 진행해본다.
예 종이에 좌표를 넣어서 사과 찾기 등의 물건 찾는 연습을 먼저 진행해본다.

카스텔 인간탑 쌓기

목표: 시각주의집중력

- 보조 목표: 소근육 발달

준비물: 카스텔 보드게임

1) 카드를 뽑아 카드에 있는 그림대로 사람 블록을 맞춰본다.

2) 카드 뒷면의 난이도를 참고한다.

3) 위로 쌓기, 손끼리 깍지 끼워 잇기, 흔들판에 올려 중심잡기 놀이를 할 수 있다.

도움tip

1) 12개의 인형을 한눈에 볼 수 있도록 3×4 배열로 눕혀놓는다.

2) 그림 카드 1개를 골라 아동에게 1초 제시 후 보이지 않게 내린다.

3) 아동은 12개의 인형 중에 방금 본 그림 카드와 똑같이 생긴 인형을 고른다.

4) 고른 인형을 흔들판 위에 꽂는다.

1) 아동의 수준에 따라 눕혀놓는 인형을 2개, 3개, 4개…12개로 다양하게 시작할 수 있다.

2) 아동의 수준에 따라 제시하는 인형을 1개, 2개, 3개… 다양하게 제시할 수 있다.

3) 2개 이상 인형을 제시하는 경우에는 인형을 먼저 모두 제시하고 그 이후에 아동이 기억하여 순차적으로 찾도록 한다.

4) 아동의 수준에 따라 제시하는 시간을 1~3초 정도로 조정해줄 수 있다.

5) 카드의 앞면에 있는 전체 그림을 보고 인형을 제시할 수도 있고 상담사가 임의로 골라 제시하여 인간탑을 쌓을 수도 있다.

6) 제시하는 인형을 3개 이상 순차적으로 찾아 탑을 쌓을 수 있으면 역순으로 찾아 인간탑을 쌓아보는 활동도 해볼 수 있다.

제3화

인지억제

3화 개관

〰〰〰

억제(inhibition)란 상황에 적절하지 않은 생각이 떠오르거나 바람직하지 않은 행동이 실행되기 전에 예방하는 기능을 말한다. Barkley(1997)는 ADHD에서 보이는 충동성 및 과잉행동의 주요원인으로 억제능력의 결함을 주장하였다.

과제를 수행할 때 과제와 관련 없는 정보가 작업기억 내에 들어가 유지되거나 활성화되지 못하게 막는 장치를 인지적 억압기제라고 말한다(Bjorklund & Harnishfeger, 1990). 따라서 산만하거나 주의가 흐트러지는 것은 인지억제 면에서는 기능이 떨어지는 것으로 이해될 수 있겠다(Martindale, 1991, 1995).

따라서 다양한 과제에 노출되는 아동들에게는 어떤 과제를 수행하거나 지시에 따라 행동해야 할 때, 주의분산이나 방향자극 등의 불필요한 자극에 충동적으로 반응하지 않고 상황을 전체적으로 평가하여 행동할 수 있는 능력이 필요한데 이러한 기능이 인지억제능력이 잘 발휘될 때 가능한 일이라 할 수 있겠다.

인지억제가 높은 아동들의 경우 책을 읽을 때에도 한 구절의 의미를 읽고 이해하는 데 무리가 없으나 인지억제가 낮은 아동들의 경우에는 과제와 상관없는 부적절한 사고의 활성화로 인해 주의를 유지할 수 없기 때문에 구절에 대한 의미를 이해하는 데 어려움을 보이곤 한다.

따라서 인지억제가 부족한 아동들의 경우, 감정이나 정서를 조절하지 못하고 복잡한 계획을 수립하지 못하며 충동적인 행동을 통제하지 못하여 지금 자신이 하고 있는 행동에 대한 반성이나 조절을 하지 못할 수 있다. 이러한 억제기능의 결함은 관리능력의 효과적인 발달을 저해하여 결국 단기기억, 정서 및 동기의 통제 결여를 야기하게 된다.

본 워크북에서는 인지억제와 행동억제를 따로 구분하기보다는 함께 자극하여 반응에 대한 억제능력을 향상시킬 수 있도록 구성하였다.

8-4-2-1 계단박수

- 보조 목표: 청각주의력

1) 서로 마주 본다.

2) 한 사람은 보자기로, 다른 한 사람은 주먹을 쥔 상태로 서로의
   양손을 맞댄다.

3) 보자기로(상대방은 주먹으로) 박수 8번을 친다. "하나 둘 셋 넷 다
   섯 여섯 일곱 여덟." 상태 바꾸어 주먹으로(상대방은 보자기로)
   박수 8번을 친다. "둘 둘 셋 넷 다섯 여섯 일곱 여덟."

4) 다시 상태를 바꾸어 보자기로(상대방은 주먹으로) 박수 4번, "하나 둘 셋 넷." 다시 상태를 바꾸어 주먹으로(상대방은 보자기로) 박수 4번, "하나 둘 셋 넷."

5) 다시 상태를 바꾸어 보자기로(상대방은 주먹으로) 박수 2번, "하나 둘." 다시 상태를 바꾸어 주먹으로(상대방은 보자기로) 박수 2번, "하나 둘."

6) 다시 상태를 바꾸어 보자기로(상대방은 주먹으로) 박수 1번, "하나." 다시 상태를 바꾸어 주먹으로(상대방은 보자기로) 박수 1번을 친다. "하나." 다시 상태를 바꾸어 보자기로(상대방은 주먹으로) 박수 1번, "하나." 다시 상태를 바꾸어 주먹으로(상대방은 보자기로) 박수 1번을 친다. "하나."

7) 처음에는 속도를 내지 않고 천천히 박자에 익숙해지도록 한다. 8-8-4-4-2-2-1-1-1-1의 패턴으로 진행한다.

확장

1) 박자가 익숙해지면 점점 빠르게 진행한다.

2) 빠른 속도에 익숙해지면 소리 내어 숫자를 세지 않고 박수만 친다.

3) '학교종' 노래를 부르며 박수치기를 해볼 수 있다.

범인 찾기 게임

목표: 인지억제, 행동억제

- 보조 목표: 청각주의집중, 시각적 주의집중, 지시 따르기

준비물: 캐릭터 또는 사람 얼굴이 칸마다 그려진 활동지
(종이에 인쇄하여 준비해둔다), 스티커

1) 사람 얼굴이 칸마다 그려진 활동지를 출력하여 준비한다. 가로 5칸, 세로 2줄로 되어 총 10명의 사람 얼굴이 들어가 있다.

2) 각 칸의 사람 얼굴은 한 개씩 다른 점이 있다(머리 모양, 모자, 안경, 악세사리, 수염 등).

3) 스티커는 ○, □, △ 모양의 스티커로 준비한다.

4) 문제를 내는 사람은 한 가지 얼굴 특징을 정해 그 특징을 가진 사람들에게만 특정 스티커를 붙이도록 청각적인 지시를 준다.
   예 안경 쓴 사람에게 세모 스티커 붙이세요, 모자를 안 쓴 사람에게 동그라미 스티커를 붙이세요, 귀걸이 한 사람에게 네모 스티커를 붙이세요, 콧수염이 있는 사람에게 동그라미 스티커를 붙이세요, 뽀글머리가 아닌 사람에게 네모 스티커를 붙이세요, 모자 쓴 사람에게 세모 스티커를 붙이세요, 턱수염이 있는 사람에게 동그라미 스티커를 붙이세요, 목걸이가 있는 사람에게 네모 스티커를 붙이세요…

5) 위와 같이 계속해서 다른 특징을 가진 사람들을 문제로 내고 마지막에 스티커가 가장 많이 붙은 사람이 범인이 된다.

도움tip

1) 처음 시작 문제는 눈에 크게 띄는 조건부터 시작한다. 모자와 안경이 눈에 쉽게 띄는 조건이다.

2) 지시사항 중 '~가 아닌'이라는 조건이 더 어렵기 때문에 처음 연습 시에는 '~인 사람' 위주의 문제로 연습한다. 억제능력을 많이 사용하기 위해서는 점점 '~가 아닌' 조건을 많이 넣도록 한다.

3) 처음 시도에는 지시사항을 두 번씩 불러주고, 문장을 다 들은 다음 스티커를 붙이도록 한다.

4) 조건이 아닌 사람에게 스티커를 붙이려고 할 때 상담사는 "Stop"이라고 외치고 아동은 즉시 행동을 멈춰야 한다. 지시사항이 무엇이었는지 다시 떠올리게 한 다음 말해보게 한다.

5) 상담사가 범인을 누구로 할지 미리 정해놓고 지시문장을 계획하는데, 점차 조건이 복잡해질수록 인지억제와 작업기억을 사용하게 된다.

확장

1) 난이도를 쉽게 하기 위해서는 스티커 모양을 한 가지로 통일한다.

2) 난이도를 쉽게 하기 위해서는 인물의 조건을 단순화시키고 2~3가지 조건으로만 문제를 낸다.

3) 청각적 주의력이 나쁘지 않은 아동에게는 지시사항을 한 번만 듣고 수행하게 한다.

4) 난이도를 올리기 위해서는 제시하는 속도가 빨라지고 한꺼번에 두 가지 조건을 같이 줄 수 있다.
    예 안경을 쓰고 뽀글머리인 사람에게 세모 스티커를 붙이세요.

5) 역할을 바꾸어 아동이 문제를 내보게 한다면 언어적 작업기억과 함께 지시문장에 대한 이해가 더 높아질 수 있다.

6) 아동들의 흥미를 유발하기 위해 여러 인물이나 동물 그림으로 활동지를 구성해서 만들 수 있다.

자음 바꿔 읽기

목표: 인지억제

- 보조 목표: 시각적 주의집중, 언어적 작업기억

준비물: 안이 보이지 않는 주머니, 한글 자음 자석, 숫자 주사위, 짧은 한글 텍스트, 게임 칩

절차

1) 한글 자음 모양의 자석을 주머니 안에 넣어놓고 읽을 한글 텍스트를 준비한다.

2) 순서를 정해 자기 차례에 주머니에서 자음 하나를 뽑고 주사위를 굴린다.

3) 뽑아서 나온 자음으로 대체시켜서 텍스트의 한 문장을 읽는데,

주사위의 숫자에 따라 몇 음절마다 바꿔서 읽을지 결정된다.

4) 예를 들어 주머니에서 'ㅁ' 자음이 나왔고 주사위에서 '3'이 나왔다면 3음절마다 글자의 첫 자음을 'ㅁ'으로 바꿔서 읽어야 한다.

5) 한 문장을 그렇게 읽고 나면 다음 순서 사람이 주머니에서 자음을 다시 뽑고 주사위도 다시 돌린다.

학교에서 쫓겨난 에디슨은 어머니에게 공부를 배우게 되었습니다.
무더운 여름날, 어머니는 에디슨을 나무 그늘 아래로 불렀어요.
"에디슨, 오늘은 여기서 공부하기로 하자."
"와! 정말이요?"
에디슨은 어머니와 공부하는 것이 무척 재미있었어요.
에디슨이 어떤 질문을 해도 어머니는 귀찮아하지 않았거든요.
어머니는 에디슨에게 정말 좋은 선생님이었어요.

---

6) 한 문장을 바꿔 읽는 데 성공할 때마다 칩이 주어지고 칩이 많은 사람이 승리한다.

도움tip

1) 본 게임 시작 전에 아동에게 텍스트의 글을 글자 그대로 읽어 보게 한다.

2) 주머니에서 나온 자음으로 바꿔 읽을 때, 해당하는 음절 수마

다 연필로 동그라미를 치면서 바꿔 읽게 하면 오류가 줄어들 수 있다.

1) 이 게임의 난이도 중 가장 쉬운 방법은 텍스트에서 받침을 다 빼고 읽게 하는 것이다.

2) 주머니에서 뽑은 자음에 따라 초성이 아니라 받침을 바꾸어 읽는 것으로 변경시킬 수 있다.

3) 자음, 모음 음가를 확실히 터득하지 못한 아동에게는 완전한 텍스트가 아니라 단어로만 제시하여 바꾸어 읽게 하는 것이 좋으며 음운 인식훈련이 된다.

반대로 말해요

목표: 인지억제, 행동억제

- 보조 목표: 시각주의력, 청각주의력, 인지유연성

준비물: 없음

절차

1) 게임을 시작하는 사람을 정한다.

2) 처음 시작하는 사람이 1~5까지의 숫자 중 하나를 골라 외친다.

3) 손으로는 숫자를 말한 것과 다른 숫자를 표현해야 한다.

4) 예를 들면, 입으로는 5를 외치고 손으로는 5가 아닌 다른 숫자를 표현한다.

5) 상대 플레이어는 손으로 표시한 숫자를 보고 대답한다.

6) 동시에 그와 다른 숫자를 손으로 표시하면 된다.

도움tip

1) 시각정보(손)를 보고 말로 하는 연습을 한다.

2) 청각정보(말한 숫자)를 듣고 손으로 표현하는 연습을 따로따로 해본다.

확장

1) 연령 수준에 맞춰서 조금 천천히 해본다.

2) 수준을 높여서 할 경우, 두 손을 이용하여 플레이해본다.

3) 한국어 숫자가 익숙해지면 다양한 나라 언어의 숫자를 배워서 적용해본다.

4) 주고받는 속도를 빠르게 하여 억제를 사용할 수 있도록 유도 한다.

색깔 맞추기

목표: 인지억제, 행동억제

- 보조 목표: 시각주의력, 청각주의력, 인지유연성

준비물: 없음

절차

1) 게임을 시작하는 사람을 정한다.

2) 아동은 아무 물건을 가리키며 "이건 무슨 색이야?"라고 말한다.

3) 아동은 한 손으로는 물건을 가리키고 반대 손은 다른 물건을 잡고 있는다.

4) 예를 들면, 칠판을 가리키며 "이건 무슨 색이야?"라고 말하면

서 다른 손으로는 의자를 잡고 있는다.

5) 상대 플레이어는 가리킨 물건의 색을 말하는 것이 아니라 반대 손이 닿은 물건의 색깔을 말한다.

6) 만약, 아무 물건도 손에 닿아 있지 않은 경우 "이건 투명색이 야"라고 말한다.

도움tip

1) 가리키는 손가락을 보지 않고 반대 손에 집중하도록 지지한다.

2) 책을 선정해서 책 안에 있는 그림을 활용할 수 있다.

확장

1) 연령 수준에 맞춰서 조금 천천히 해본다.

2) 수준을 높여서 할 경우, 대답할 때 시간제한을 준다.

3) 익숙해지면 손을 반대로 해서 플레이해본다.

청기 백기 게임

목표: 인지억제, 행동억제
- 보조 목표: 청각주의력, 인지유연성

준비물: 청기, 백기(직접 만들거나 인터넷에서 구입)
- 청기, 백기 만들기 준비물: 나무젓가락 2개, 파란 색종이, 하얀 색종이, 테이프

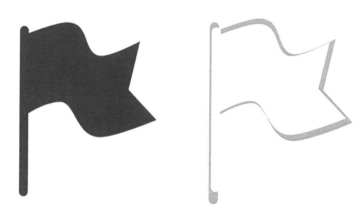

1) 청기 백기 게임을 위해서는 청기와 백기가 필요하다.

2) 직접 만드는 경우 나무젓가락과 파란색, 하얀색 색종이를 이용
하여 깃발 모양을 만든다.

3) 진행을 하는 사람은 우선 아래의 예시를 읽으며 상대방이 청기
와 백기를 적절하게 올리거나 내리거나 가만히 있는지를 판단
한다.

4) 예를 들어, '청기 올려'는 청기를 든 손을 올리는 것이다. '백기
내려'는 백기를 든 손을 내리는 것이다. '청기 내리지 말고 백기
올려'는 청기를 든 손은 가만히 있고 백기를 든 손을 올리는 것
이다.

5) 위와 같이 청기 백기 게임에서는 지시하는 사람과 수행하는 사
람이 존재하며, 이를 중재하기 위하여 처음에는 상담사가 지시
를 하여 따라올 수 있게 하는 것이 중요하다.

6) 횟수를 정하거나 시간을 정하여 지시를 따른 것에 대한 제시를
하여 목표까지 성공할 수 있게 한다면 조금 더 효과적인 중재
방법이 될 것이다.

1) 청기와 백기를 만드는 시간도 하나의 중재 시간으로 정해도 좋다.

2) 상담사의 시범과 함께 청기와 백기를 하나씩 만들고 만들어진 깃발을 들고 내리는 시범을 함께 해보는 것도 좋은 방법이다.

3) "청기 올려"라고 했을 때 청기를 든 손을 적절하게 올리는지, 백기를 든 손은 가만히 있는지 확인하여 아동이 "청기 올려"라는 지시에 적절히 이해하고 반응하는지 확인을 한다.

4) 만약 청기와 백기의 용어나, "올려"와 "내려"의 용어에 대한 이해가 어려울 경우에는 직접 "청기 올려"라는 지시와 함께 아동의 손을 잡아서 시범을 보여주는 것도 좋은 방법이다.

5) 난이도에 따라서 올리고, 내리고의 수준을 정하고 아래의 지시문을 예로 참고하여 더 다양한 지시문을 만들 수도 있다.

청기 백기 게임의 지시문

※ 기본 규칙
청기 올려 / 백기 올려 / 백기 내려 / 백기 올리지 말고 청기 내려 / 백기 올려 / 백기 가만히 두고 청기 올려 / 청기 내려 / 청기 내리지 말고 청기 다시 올려 / 백기 내려 / 청기 말고 백기 다시 올려 / 청기 내려 / 청기 가만히 있고 백기 올리지 마!

확장

1) 연령 수준에 맞춰서 올리고 내리고를 조금 천천히 반복해서 연습해야 한다.

2) 난이도의 조절은 지시문의 속도에 있을 수 있다. 따라서 더 빠른 지시문을 제시할 때에는 미리 대본을 작성한 후에 지시를 하면 조금 더 효율적으로 제시할 수 있다.

3) 이 게임놀이의 목적은 행동억제에 목적이 있기 때문에 행동억제가 잘 안 되는 아동들에게는 놀이 중간에 10초 혹은 5초를 센 후에 다시 게임놀이를 진행하면 조금 더 아동이 주의를 집중하고 행동을 조절하기 위해서 억제기능을 더 사용하게 될 것이다.

살금살금 생쥐

목표: 인지억제

- 보조 목표: 눈-손 협응능력

준비물: 살금살금 생쥐 보드게임

1) 4개의 조각을 서로 끼워서 치즈 성을 조립하고, 성의 큰 조각 2개에 모두 알람 종을 고정한다.

2) 참가자들은 나무 막대 16개를 똑같이 나누어 가진다. 만약 참가자가 3명이라면 남는 막대 1개는 게임 박스에 보관한다.

3) 순서를 정해 색깔 주사위 2개를 동시에 던진다.

4) 해당 플레이어는 주사위에서 나온 색깔과 같은 구멍 2개를 나무 막대로 연결해야 한다.

   예 주사위에 빨간색과 노란색이 나왔다면, 치즈 성에 있는 구멍 중 빨간색 구성과 노란색 구멍이 서로 연결되도록 막대를 밀어 넣어야 한다. 2가지 색깔 중 어느 색깔의 구멍에 먼저 막대를 넣을지는 자유롭게 선택이 가능하다.

5) 막대를 밀어 넣는 동안 알람 종이 울리지 않았다면 막대를 그대로 두고, 만약 종이 울렸다면 그 막대를 다시 빼서 자기 앞에 높아야 한다.

6) 정해진 시간 안에 가장 많은 막대를 넣은 참가자가 승리한다.

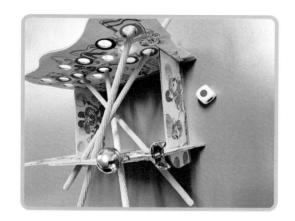

1) 알람 종은 작은 진동에도 울리기 때문에 처음 시도에는 한 쪽
   성에만 알람 종을 설치해서 게임을 시작해본다. 지나치게 미션
   이 어려울 때는 아동들이 흥미를 잃어버리기 쉽기 때문이다.

2) 색깔 주사위에서 나온 색깔 구멍이 어디에 위치했는지 탐색하
   게 하고, 종을 울리지 않기 위해서는 어느 위치를 선택하면 좋
   을지 생각해보게 한다. 첫 번째 시작하는 구멍의 위치와 서로
   연결하는 구멍의 위치 선택이 모두 중요하다.

3) 한쪽 손으로만 막대를 넣을 때와 두 손을 사용하여 막대를 넣
   을 때 중 어느 쪽이 성을 건드리지 않고 넣을 수 있는지 비교해
   보도록 한다.

4) 나무 막대의 표면에는 나선형으로 홈이 파여 있어서 끝까지 밀
   어 넣지 않아도 쉽게 빠지지 않게 되어 있다.

5) 나무 막대를 밀어 넣을 때 세심하게 천천히 밀어 넣도록 아동
을 격려한다.

확장

1) 난이도를 가장 쉽게 하는 것은 알람 종을 1개만 설치하고 색깔
주사위도 한 개만 굴리는 것이다. 즉, 한 가지 색깔의 구멍만
정해지고 나머지 색깔은 아동이 정해서 넣도록 한다.

2) 규칙과 반대로 나무 막대를 모든 구멍이 연결되도록 다 넣어놓
고 시작할 수도 있다. 이제는 주사위를 굴려 반대로 종이 울리
지 않게 나무 막대를 제거하는 것이 규칙이 되는 것이다. 나무
막대를 서로 교차하게 넣어놓으면 난이도가 더 어려워진다.

3) 눈-손 협응이 약한 아동은 우선 종을 설치하지 않고 주사위 색
깔대로 나무 막대를 밀어 넣는 방식부터 연습하면 좋다.

컬링

목표: 행동억제

- 보조 목표: 집중력

준비물: 미니컬링 보드게임

1) 팀을 나누고 스톤 색깔을 정한다.

2) 각 팀별로 서로 돌아가면서 스톤을 가운데 원에 가까이 가도록 굴린다.

3) 가운데 원에 가장 가까이 간 팀이 승리를 하거나 가운데 원부터 임의의 점수를 부여해서 합산을 하기도 한다.

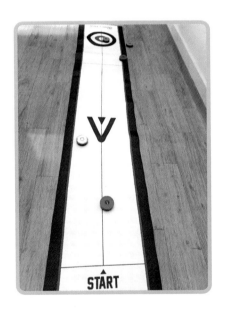

1) 행동과 감정을 잘 억제하지 못하는 경우에는 스톤을 굴릴 때 원에서 단계를 정해서 가까운 곳에서부터 시작하도록 한다.

2) 행동 조절이 미숙한 경우에는 스톤을 굴릴 수 있는 횟수를 충분히 줘서 성공을 할 수 있도록 하는 것이 도움이 된다.

3) 승부욕이 강한 경우에는 상대방이 스톤을 쳐서 내보내는 경우 감정적인 통제가 어려울 수 있으므로 규칙을 충분히 숙지시키는 것이 좋다.

확장

1) 게임이 익숙해지면 중간에 장애물을 설치하거나 들어가면 손해가 나는 구간을 정해서 억제능력을 발휘하도록 한다.
예 꽝, 마이너스 점수 부여 구간 등

2) 각 팀의 스톤 중 '왕'을 지정해서 상대방의 왕을 먼저 밀어내는 팀이 승리하도록 할 수 있다.

3) 상대편의 스톤을 밀어서 점수를 높게 해주는 경우 자신의 팀이 이기게 되는 규칙을 정할 수 있다.

카푸치노 게임

목표: 인지억제, 행동억제

- 보조 목표: 시각주의력

준비물: 카푸치노 그림(종이에 인쇄하여 준비해둔다), 연필

1) 카푸치노 게임은 제시된 카푸치노 컵에 100개의 칸을 그려 넣은 상태에서 공격자가 숫자를 부르고 수비자가 숫자를 찾는 동안 공격자는 동그라미를 많이 그리는 게임놀이이다.

2) 1~50까지 숫자를 거품에 랜덤으로 적어두고 100개의 칸을 준비해둔다.

3) 각자 카푸치노에 다 적었다면 서로 교환한 후에 놀이를 진행한다.

4) 공격자가 먼저 숫자 "23"을 외쳤다면 수비자는 거품에서 '23'을 찾아서 "찾았다!"를 외쳐야 한다. 수비자가 "찾았다"를 외치기 전에 공격자는 최대한 빨리 100개의 칸에 왼쪽에서 오른쪽으로 동그라미를 최대한 빨리 그리고, "찾았다!"를 외치면 멈춰야 한다.

5) 서로 번갈아가며 공격과 수비를 하여 가장 먼저 100개의 칸에
   동그라미를 많이 그린 사람이 승리하게 된다.

┃ 도움tip

1) 그림에 대한 설명을 한다. 우선 위의 크림 부분에는 1~50까지
   숫자를 원하는 대로 적을 수 있다고 알려준다. 그리고 아래 네
   모칸은 동그라미를 그리는 칸이라고 알려준다.

2) 1~50까지 숫자를 다 적으면 서로 종이를 교환한다. 이는 자신
   이 적은 숫자를 인식할 수 있기 때문에 다른 사람이 적은 숫자
   를 찾도록 유도하는 것이다.

3) 순서를 정하고 어떤 타이밍에 시작을 하는지 정한다.
   예 숫자 '23'을 말하면 바로 수비수가 숫자를 찾고 공격수가 동그라미
   하나, 또는 숫자 '23'을 말한 뒤 서로 눈을 보고 "시~작!"이라고 말한

뒤에 하나

4) 게임놀이 규칙이 정해지고 난 후에는 서로 각자의 종이에 숫자를 적는다.

5) 숫자를 적은 후 교환하여 정해진 규칙대로 진행하도록 한다.

6) 행동억제가 잘 안 되는 아동 가운데에는 과도하게 동그라미를 크게 그릴 수 있기 때문에 정해진 칸에 한 동그라미만 그릴 수 있도록 유도해야 한다.

확장

1) 연령 수준에 맞춰서 동그라미를 그릴 수 있는 칸을 조절할 수 있다. 예를 들어 25개, 50개, 100개의 칸으로 구분하여 진행할 수 있다.

2) 카푸치노 그림을 뽑아서 이용할 수도 있으며, 아동과 함께 그림으로 직접 그려서 이용할 수도 있다. 카푸치노의 컵과 거품 부분만 있다면 어떠한 것도 가능하다.

3) 이 게임놀이의 목적은 시각주의력과 억제능력이기 때문에 중간에 행동 조절이 안 되어 '찾았다!'를 외쳤음에도 동그라미를 그릴 수 있다. 이럴 때에는 미리 어떠한 방법으로 조정할지 같이 이야기해본 후 진행하는 것이 좋다.

제4화

처리속도

4화 개관

　　　　　　처리속도란 발생하는 정보에 대해서 빠르게 판단하고 정확하게 탐색하여 변별하고 처리하는 능력을 말한다. 우리 두뇌에서는 어떤 정보에 대해서 지각을 변별하고 주의를 집중하고 시각운동협응능력과 같이 다양한 인지능력이 발현하여 정보를 처리한다. 이러한 정보를 빠르게 처리하는 것이 얼마나 효과적인지에 따라서 우리의 작업기억 내에 더 많은 정보를 유지할 수 있으며 정신적 조작 또는 추상적인 추론과 같은 상위 수준의 과정을 위한 인지적 자원을 더 활용하는 데 도움을 줄 수 있다.

　처리속도가 부족한 아동은 간단한 정보를 민감하고 빠르게 인식하는 데 어려움이 있을 수 있으며, 종합적으로 해석하기보다는 단편적이고 협소하게 인식할 수 있다. 학교 장면에서는 주어진 시간에 문제를 해결하거나 과제를 수행해야 하는데, 이처럼 처리속도가 느린 아동들의 경우에는 주어진 시간에 과제수행이 어려워 원하는 만큼 과제수행의 결과를 얻어갈 수 없으며 교사나 부모에게 부정적인 피드백을 받는 경우가 많다. 또한, 처리속도가 느린 아동의 경우 소근육 운동기능이 저하되어 있거나 시각운동협응능력에서 어려움을 보이기도 한다. 선 긋기, 가위질하기, 글씨 쓰기와 같은 활동에서 오류를 많이 보이며 잦은 실수로 인해 자신감이 저하되어 있을 가능성이 있다.

처리속도가 부족한 아동들은 새로운 것을 시작하는 데 두려움이 크다. 사고가 경직되어 있어 유연하게 주변을 관찰하기 어려우며 연령이 증가하여도 부모님의 지시나 해야 할 일을 스스로 계획에 맞춰 해결하거나 갈등이나 문제 상황이 발생하였을 때 적절하게 대처하는 데 어려움을 겪을 수 있다.

정보처리속도가 저하되는 경우로는 시각운동협응능력의 저하와 같이 고유수용감각과 운동기능의 저하가 동반된 경우가 있을 수 있으며, 다른 경우로는 정보를 처리하는 대뇌기능의 처리속도가 저하되어 나타나는 사례도 있다. 이러한 대뇌기능의 처리속도 문제의 경우에는 이것이 시각주의력이나 예민성이 저하되어서인지, 혹은 습득된 정보와 현재 발생한 정보 사이에서 무엇을 해야 하는지 인출하는 정보처리속도 자체가 느려서인지 구분하는 것이 필요하다.

본 워크북에서는 상담사와 아동과의 상호작용 속에서 무조건적인 속도 향상에 목적을 두기보다는 시각정보를 처리하는 주의집중에 문제는 없는지, 또는 연결시키는 기능의 저하 때문에 속도가 느린지에 따라서 제시 방법을 구조화하여 진행하는 것이 필요하다. 시각정보의 예민성이 떨어질 경우에는 과제를 주의 깊게 관찰하여 볼 수 있도록 지도해야 하며, 연결 기능의 저하에 의한 처리속도 문제의 경우에는 알고 있는 지식을 떠올릴 수 있도록 유도해주면서 반복적으로 훈련하여 성공 경험을 향상시켜 갈 수 있도록 지도해야 한다.

포토 레오

목표: 처리속도

- 보조 목표: 형태항상성, 시각통합, 범주적 지식

준비물: 포토 레오 보드게임

1) 테이블 가운데에 종을 놓고 동물 카드 5장을 뽑아서 종 주변에 골고루 배치한다.

2) 순서를 정하여 동물의 속성이 표시되어 있는 주사위를 던진다.

3) 참가자들은 5장의 카드 중 주사위에 나온 특징을 가진 동물이 있다면 재빨리 종을 울리고 동물의 이름을 말하고 카드를 들어 올려야 한다(주의점은 반드시 같은 손으로 종도 울리고 카드도 집어들어야 한다는 것이다). 가장 빠르게 종을 치고 행동을 한 사람은 뒷면을 확인하고, 주사위에 나온 특징이 표시되어 있다면 카드를 획득하게 된다.

4) 첫 번째로 카드를 가져가지 못한 참가자들은 남은 카드 4장 중에서 계속해서 주사위에 나온 특징을 가진 동물이 더 있는지 찾아야 한다.

5) 만약 더 이상 해당하는 동물이 없다고 판단한 참가자는 종을 두 번 울리고 "끝"이라고 외쳐야 한다.

6) "끝"이라고 외친 참가자의 말이 맞다면 그 참가자는 카드 더미에서 1장의 카드를 얻을 수 있게 된다.

7) 여러 라운드 동안 진행하여 카드 더미의 카드가 모두 없어지게 되면 게임이 종료되고, 획득한 카드의 개수가 많은 사람이 승

리한다.

1) 게임 시작 전에 주사위에 표시된 동물 속성에 대해 반드시 설명하고 올바른 용어와 뜻을 알려주도록 한다(주사위에는 주행성, 야행성, 밤낮 항상 활동, 다리의 개수에 따라 다른 그림으로 표시되어 있음).

2) 동물 카드에 그려진 동물들은 배경에 가려져 일부분만 보이도록 되어 있기 때문에 시지각능력이 좀 더 요구된다. 동물카드를 가지고 퀴즈를 낼 수 있는데, 해당 동물의 이름을 먼저 알려주지 않고 부분을 통해 전체 모습을 떠올리게 촉진한다. 동물의 전체 모습은 카드 뒷장에 나와 있어서 아동이 유추한 다음 확인해볼 수 있다.

예 독수리의 '부리' 부분을 보고 '새'라는 것을 유추할 수 있고 다리가 2개라는 속성도 떠올리게 한다.

3) 카드를 얻는 조건행동은 순서가 있어서, 반드시 종을 먼저 울리고 → 동물의 이름을 말하고 → 카드를 들어올리는 것이다. 실행기능이 부족하다면 이 패턴을 헷갈릴 수 있으므로 연습 라운드를 실시하여 익숙해지도록 한다.

4) 동물의 종류나 속성에 대해 비교적 익숙한 아동들에게는 1, 2번 팁을 생략하고 카드를 빠르게 관찰하여 4번의 패턴대로 실행하는 데 더 중점을 두도록 한다.

확장

1) 시각적 탐색이 느린 아동의 경우는 제시하는 카드를 3장으로 줄여서 진행한다.

2) 라운드 중 카드를 얻는 조건행동을 동물 이름을 외치고 → 종을 울리고 → 카드를 들기와 같은 식으로 변형시켜서 실행기능을 더 강화시킬 수 있다.

3) 만약 카드를 가장 빨리 가져온 사람이 주사위의 속성과 틀리게 가져왔다면, 이를 빨리 알아채고 지적한 사람이 카드를 뺏어갈 수 있도록 규칙을 넣는다. 이럴 경우 상담사가 일부러 틀리게 카드를 가져와서 아동이 상대방의 플레이에도 충분히 주의를 기울이고 더 세밀하게 관찰하도록 촉진할 수 있다.

Make 'N' Break

목표: 처리속도 향상

- 보조 목표: 시각주의력, 행동억제, 시공간 작업기억

준비물: Make 'N' Break(인터넷에서 해외구매 가능)

1) 정해진 시간 동안 빠르게 카드와 똑같은 색의 조각을 이용하여 모양을 완성해야 한다.

2) 단계에 따라서 구조물의 난이도가 있기 때문에 쉬운 난이도부터 어려운 난이도까지 조절하여 게임놀이를 진행할 수 있다.

3) 처음 시작하는 사람부터 주사위를 던진다. 던진 주사위에는 1~3까지의 숫자가 적혀 있다.

4) 타이머 또한 1~3까지 숫자가 있는데, 숫자가 만약 2가 나왔다면 타이머를 2에 맞추고 START 버튼을 누르면 타이머가 작동된다.

5) 1단계 카드를 뒤집어서 모양을 보고 START 버튼을 누르면 시작! 제한된 시간 안에 카드와 똑같은 모양으로 블록을 쌓아야 한다.

6) 10개의 색이 다른 나무 블록이 있기 때문에 이 블록을 이용하여 카드에 있는 모양과 동일하게 색 블록을 맞춰서 입체적으로 쌓으면 성공!

7) 만약 시간 내에 성공하지 못하면 다음 사람에게 턴이 넘어간다.

도움tip

1) 난이도가 낮은 단계부터 시작할 수 있도록 한다.

2) 카드의 색이 있는 것과 없는 것이 있기 때문에 처음에는 색이 없는 것부터 시간 내에 쌓을 수 있는지 확인해본다.

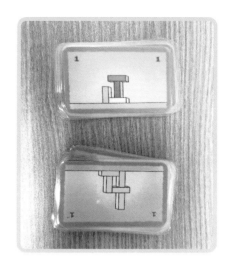

3) 어느 정도 연습이 끝나면 랜덤하게 카드를 뽑아서 나온 대로
시간이 끝나기 전까지 문제를 해결해볼 수 있도록 한다.

확장

1) 쉬운 단계의 적응을 위해서 초반에는 타이머를 켜지 않고 진행
하도록 한다.

2) 조금 어려운 단계를 위해서는 카드를 10초 정도 보여준 후에
"시작!"과 동시에 카드를 치우고 조각을 쌓아본 후에 정답을
확인하는 방법도 있다.

스피드

목표: 처리속도

- 보조 목표: 인지유연성

준비물: 스피드 보드게임

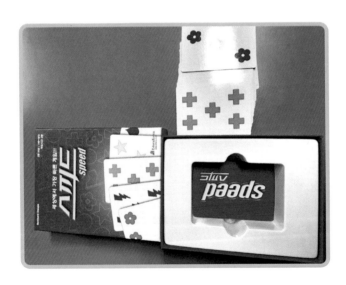

1) 카드를 섞어서 두 개의 똑같은 카드 더미를 만든 다음, 각자 자기 앞에 하나의 더미를 놓는다.

2) 각자 카드 더미의 맨 윗장을 보이지 않게 가운데 내려놓는다. 이 카드들은 반드시 서로 옆에 놓여 있어야 한다.

3) 자신의 카드 더미에서 3장의 카드를 가져와서 손에 든다.

4) 2번에서 내려놓은 카드를 같이 뒤집으면서 게임을 시작한다.

5) 자기 손에 있는 카드와 테이블 위에 놓인 카드가 색상, 모양, 개수 중 적어도 한 가지가 일치한다면 게임 순서에 상관없이 빠르게 내려놓는다.

6) 카드를 한 장 내려놓을 때마다 다시 자기 카드 더미에서 한 장을 보충해서 손에 항상 카드 3장을 갖고 있도록 한다.

7) 누군가 한 명이 자신의 카드 더미에 있는 카드까지 다 내려놓으면 끝이 난다.

도움tip

1) 게임 시작 전에 아동에게 카드들의 정보를 탐색하게 한다(모양

이 몇 가지인지, 색상이 몇 가지인지, 개수가 몇 가지인지 등).

2) 시각적 searching이 효율적이지 않은 아동의 경우 손에 든 3장을 왼쪽에서 오른쪽으로 순서대로 훑어보도록 연습시키며 속도를 조금 느리게 진행하는 것이 좋다.

3) 모양, 색상, 개수를 유연하게 전환시키지 못하는 아동의 경우에도 처리속도가 느려질 수 있는데, 이런 경우에는 각각의 범주에만 해당하는 카드를 내려놓도록 규칙을 단순화시켜서 연습을 한 다음 최종적으로 속도를 낼 수 있게 한다.
   예 모양이 같은 카드만 내는 규칙, 색상이 같은 카드만 내는 규칙, 개수가 같은 카드만 내는 규칙

4) 본인의 카드들 중 내려놓을 카드가 더 이상 없다면 상대방이 내려놓는 카드를 기다렸다가 타이밍을 잡는 순간을 알려준다.

확장

1) 2명이 플레이할 경우 가운데 놓이는 카드가 2장에서 출발하는데, 이를 3장으로 늘려서 진행하면 난이도가 더 쉬워진다.

2) 원래 규칙대로 진행하는 것이 빨라지면 중간에 조건을 변형해서 진행한다.
   예 게임 중간에 색상이 똑같은 카드는 낼 수 없다는 조건을 추가한다.

블리츠 – 스피드 단어연상 게임

목표: 처리속도 향상

- 보조 목표: 구어 작업기억

준비물: 블리츠 보드게임

1) 누구보다 빠르게 주어진 주제에 맞춰 단어를 말해야 하는 게임 놀이이다.

2) 카드를 섞어서 개수에 맞게 골고루 나눠 갖는다.

3) 처음에 할 사람을 정한 후 처음 사람부터 카드를 뒤집어서 주제가 보이게 내려놓는다.

4) 서로 카드를 내려놓으면서 상대방의 카드를 확인하는데, 각 카드마다 심볼이 그려져 있다. 심볼(무늬)은 색으로도 구분을 할 수 있다.

5) 만약 카드를 내다가 같은 심볼(무늬)인 카드가 나온다면 서로 상대방의 주제에 관련된 단어를 이야기해야 한다.

　예 강 이름, 가구: 상대방 주제를 보고 강 이름인 '한강'을 먼저 외쳤다면 강 이름을 외친 사람이 카드를 모두 가져오게 된다.

6) 다른 심볼이 나올 동안에는 주제에 연상되는 단어를 이야기하지 말고 카드를 계속 내다가 같은 심볼이 나오면 그때 상대방의 주제와 관련된 단어를 먼저 이야기하면 승리!

7) 모든 카드를 다 가져간 사람이 승리하는 게임놀이이다.

8) 주제가 적혀 있지 않은 '블리츠' 카드가 있는데 이 카드는 심볼만 2가지로 표현되어 있다. 이 카드가 나오면 중간에 심볼이 보이게 놓는다.

9) 이제부터는 가운데 블리츠 카드의 심볼과 똑같아도 주제에 맞는 단어를 이야기하면 이길 수 있다.

예 가운데 블리츠에 노란색 심볼이 있다. '야구 선수'의 심볼과 같기 때문에 누구나 '야구 선수' 중 한 명을 이야기하면 카드를 가져올 수 있다.

▌도움tip

1) 처리속도를 향상시키기 위해서 빠르게 연상하고 이야기할 수 있도록 연습을 해야 한다.

2) 익숙한 주제이지만 그 주제를 보고 순간적으로 단어를 떠올려
   야 하는데 생각보다 머릿속에는 있지만 표현이 안 될 경우가
   많다.

3) '학교'라는 주제가 나오면 학교에 있는 선생님, 책상, 칠판, 급
   식실 등등을 이야기할 수 있는데 게임놀이 중간에 나온 단어는
   다시 이야기할 수 없도록 규칙을 정할 수도 있다.

4) 아동들의 단어 연상을 이끌어내기 위해서 먼저 연습을 통해 아
   동들의 상식을 파악해본 후에 진행하는 것이 좋다.

5) 대륙의 분류를 아동들이 이해하기 어려울 수 있기 때문에 같이
   대륙의 분류를 이야기해 본 후에 놀이를 진행하면 조금 더 불
   안하지 않게 게임놀이를 진행할 수 있다.

| 확장

1) 초반에는 '블리츠' 카드를 제외하고 할 수 있다.

2) 아동들의 상식 수준을 파악하여 초반에는 쉬운 주제를 골라서
   진행해보는 것도 방법이다.

3) 어려운 방식으로 진행하기 위해서는 블리츠 카드를 1장만 보
   이게 하는 것이 아니라 2장을 보이게 한 후에 진행하는 것도
   방법이 될 수 있다.

스피드 슬라이딩

목표: 처리속도 향상

- 보조 목표: 시공간 분석, 눈-손 협응능력, 인지유연성

준비물: 딩딩링 스피드 슬라이딩 게임

1) 슬라이딩 판 위에 색깔 스톤을 아무렇게나 정렬해놓은 뒤 난이
   도별로 카드를 선택한다(뒷면이 주황색인 카드가 기초단계, 뒷면이
   빨간색인 카드가 심화단계이다).

2) 테이블 중간에 카드 더미를 뒷면이 놓이게 놓고, 옆에 종을 놓
   는다.

3) 카드 더미에서 한 장씩 카드를 뒤집어서 카드에 나온 색상 배
   치와 똑같아지도록 재빠르게 스톤을 슬라이딩한다.

4) 이때 손가락으로 스톤을 들어서 옮기면 안 되고 반드시 손가락
   을 이용해 밀어서(슬라이딩해서) 옮겨야 한다.

5) 똑같은 모양을 빨리 만든 사람이 종을 치고 해당 카드를 획득
   하게 한다.

도움tip

1) 참가자들은 카드를 같은 방향으로 바라볼 수 있도록 양 옆으로
   앉도록 한다.

2) 처음 시작 시에는 스톤이 7개만 필요한 기초단계 카드부터 시
   작한다. 카드마다 복잡한 모양으로 색깔이 표현되어 있으므로

연습 카드를 하나 뽑아 어떤 색깔들로만 표현되어 있는지를 게임 시작 전에 미리 알려준다(노랑, 파랑, 빨강, 초록).

3) 공간 계획성이 부족한 아동의 경우 카드의 맨 첫 줄부터 목표로 삼아 스톤을 움직이도록 알려준다. 중간에 위치 변경이 어려운 경우가 생기면, 어떤 색깔을 가장 먼저 움직여야 할지 우선순위를 정하게 한다.

4) 눈-손 협응이 약한 아동의 경우는 카드를 먼저 제시하지 말고 상담사가 임의적으로 색깔 배치를 만들어서 상담사가 만든 배치대로 천천히 스톤을 밀어보게 하고, 익숙해지면 스피드를 올리게 한다.

5) 시공간 분석에 어려움이 없는 아동들은 스피드 있게 스톤을 움직이도록 촉구한다.

6) 먼저 스톤을 완성한 사람이 종을 치더라도 해당 카드와 배열이 일치하는지 확인을 하여, 잘못 완성했을 경우 상대방이 올바르

게 완성하여 카드를 뺏어갈 수 있다.

1) 여러 명이 같은 그림을 보면서 하는 게 어렵다면 각자 한 장씩 카드를 뽑아서 자기 옆에 두고 스톤을 완성하게 하고 가장 빨리 완성한 사람부터 2등까지만 카드를 획득하게 한다(단, 카드 레벨은 동일해야 한다).

2) 두 명이서 진행할 때 카드를 뽑은 다음, 상대방이 카드를 보면서 어디로 스톤을 옮길지 말로 설명하게 하고 다른 한 명은 그대로 수행하게 한다. 시간을 재서 설명을 효율적으로 해 상대방이 빨리 완성하게 한 사람이 카드를 획득하게 하는 규칙이다.

3) 아동들이 직접 색깔 배열을 종이에 그려서 문제 카드를 만들게 한 다음, 자신들이 만든 카드로 게임을 진행하게 해본다. 특히 시공간능력이 부족한 아동의 경우, 상담사가 스톤의 개수를 적게 해서 카드 문제를 만들면 더 빠르게 게임을 진행할 수 있다.

폭탄 돌리기 게임

| **목표: 처리속도** |
- 보조 목표: 인지유연성

| **준비물: 폭탄돌리기 끝말잇기 보드게임** |

1) 게임 판, 주제 카드, 코인, 회전판, 폭탄을 펼쳐놓고 순서를 정한다.

2) 게임 판 위에 주제 카드를 올려놓은 뒤 회전판을 돌린다.

3) 회전판에 나온 초성을 보고 게임 판에 있는 주제에 해당되면 제시된 초성으로 시작하는 단어를 말한다.

4) 각 사람은 자신이 말한 단어가 속하는 주제에 토큰을 놓는다. 다음 사람은 토큰이 놓이지 않은 주제의 단어 중에서 앞 사람이 말한 단어의 끝음절의 초성으로 시작하는 단어를 이야기해야 한다.

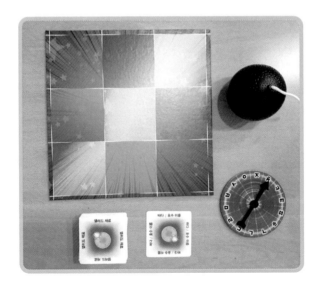

1) 처음에는 주제 카드를 주고 서로 폭탄이 터질 때까지 빨리 말하는 방식으로 연습을 할 수 있다.

2) 회전판을 돌려서 나오는 초성으로 시작하는 단어를 폭탄이 터질 때까지 빨리 말하는 것으로 방법을 진행할 수 있다.

3) 게임에 익숙해지면 회전판, 주제어, 끝말잇기를 종합해서 사용하는 방법을 실시한다. 다소 어려울 수 있으므로 단계적으로 연습을 하는 것이 도움이 된다.

4) 아동의 수준에 알맞은 주제어 카드를 미리 선별해놓은 뒤 진행하는 것이 흥미를 높일 수 있다.

확장

1) 제시된 주제어 대신 아동이 관심을 가지고 있거나 흥미를 가진 주제어를 추가해서 진행할 수 있다.
   예 역사, 만화, 연예인 등

2) 게임을 진행한 뒤 나왔던 단어들을 순서대로 기억해서 적어보게 하면 청각적 작업기억을 향상시키는 데 도움이 된다.

5초 준다!

목표: 처리속도, 주의집중

- 보조 목표: 주의전환, 추론능력, 인지유연성

준비물: 5초 준다 보드게임

1) 문제 카드 10장을 준비한다.

2) 상담사는 문제 카드를 아동에게 넘겨준 후 즉시 타이머를 돌린다.

3) 아동은 문제 카드를 보고 연상되는 단어 3개를 말한다.

4) 연상되는 단어 3개를 모두 말하지 못했다면 다음 사람에게 카드를 넘긴다.

5) 다음 사람이 단어를 말할 때 앞에서 이야기한 단어는 말할 수 없다. 연상되는 단어 3개 말하기에 성공하면 다음 카드로 바꾼다.

6) 만약 단어 3개를 말하지 못하고 상대방의 차례가 되면 상대방이 카드를 획득한다.

1) 게임 설명을 해주며 카드 주제에 어떤 것들이 있는지 몇 가지 정도 예시를 들어준다.

2) 목표한 카드를 다 사용할 때까지 쉼 없이 연속으로 타이머를 뒤집는다는 것을 알려준다.

3) 목표한 카드 중 몇 장을 성공하는지에 중점을 두고 쉴 틈 없이 집중하고 생각해낸 답들에 칭찬과 격려를 표현한다.

확장

1) 아동의 수준에 따라 5초로 정해진 시간을 조금 늘려서 실행할 수 있다.

2) 레벨 분류가 되어 나온 질문 카드이지만 한 레벨 안에서 다시 한번 세부적으로 분류해서 준비하는 것이 좋다.

3) 게임 안의 질문 외에 아동의 상황이나 아동에게 필요한 것들에 대한 질문 카드를 만들어 사용할 수 있다.

문장게임 - 임무를 완수하라!

목표: 처리속도

- 보조 목표: 추론능력, 작업기억, 주의집중

준비물: 여러 난이도의 문장 활동지, 타이머, 보상 칩
(스티커 등으로 대체 가능)

절차

1) 상담사는 문장 활동지를 준비한다.

2) 아동이 문장을 조합하기 시작하고 상담사는 타이머를 시작한다.

3) 시간 내에 문장을 완성하면 칩을 획득한다.

4) 완성된 문장을 읽어보고 실행에 옮긴다.

5) 문장에 적힌 임무를 수행하지 않고 거부할 수 있으나 이때는
   칩을 지불해야 한다.

6) 칩을 많이 모은 사람이 이긴다.

도움tip

1) 워밍업으로 쉬운 단계의 문장부터 조합해본다.

2) 아동의 수준에 맞춰 타이머 알람 시간을 조정하되 조금은 압박
   감이 느껴지도록 한다.
   예 4글자 4초, 6글자 5초, 9글자 7초 등

3) 시간 내에 문장을 완성하지 못하면 같은 글자 수의 다른 활동
   지를 제시한다.

4) 시간 내에 문장을 3번 이상 완성하지 못하면 더 적은 글자 수
   의 활동지로 제시한다. 하지만 문장 완성의 경험 후 익숙해지
   면 이내 다시 글자 수를 늘려서 활동지를 이어나간다.

5) 첫 활동에 칩을 지불해야 하는 상황이 생기면 아동은 칩이 없
   기 때문에 그냥 넘어간다.

1) 승패를 가르는 게임이 아닌 개인 미션으로, 정해진 시간 내에 몇 가지 활동을 수행할 수 있는지 알아볼 수 있다.

2) 문장 활동지를 아동의 수준에 맞춰 매 회기마다 바꾸어 제공할 수 있다.

3) 문장 활동지를 가위로 오려서 직접 글자를 옮겨가며 문장을 만들어볼 수도 있다.

4) 활동지를 오려서 할 경우에는 시간을 좀 더 늘려 설정하고 오리기 작업도 시간에 포함시킨다.

☞ 문장 활동지

기	노
래	하

덩	춤
이	엉

3	걸	리
음	오	회

프	5	기
회	뛰	점

로	빙	돌
기	코	리
끼	빙	코

삼	기	름
시	짓	로
으	이	행

하	뛰	제
자	만	기
세	리	고

스티키 스틱스

목표: 처리속도

- 보조 목표: 시각주의력, 작업기억, 행동억제

준비물: 스티키 스틱스 보드게임

1) 몬스터 타일을 게임 박스 안 13개의 칸에 골고루 배치하고 각자 스틱을 한 개씩 가진다.

2) 숫자, 색깔, 표정 주사위를 한꺼번에 굴린다. 두 개로 나누어져 있는 표정 주사위는 난이도 조절을 할 수 있다. 주사위 중에서 X면이 나오면 표정은 무시하고 숫자+색깔에 해당하는 타일만 찾으면 된다.

3) 3개의 주사위를 보고, 주사위의 조건에 맞는 타일을 스틱으로 집어올린다. 타일을 가장 먼저 집는 사람이 가져간다.

   예 1개(숫자) + 노란색과 파란색(색깔) + 웃는 표정(표정)

4) 조커 타일은 보이는 대로 제일 먼저 가져가는 사람이 갖게
된다.

5) 13개의 칸 중 빈칸이 5개 이상이 되면 게임은 종료되고, 이때
가장 많은 타일을 가진 사람이 이긴다.

도움tip

1) 게임을 시작하기 전에 미리 표정 주사위를 잘 살펴보며 어떤
감정의 표정인지 알아보는 시간을 갖는다.

2) 스틱을 잡을 때 주먹을 쥐듯이 잡으면 타일을 빠르게 가져가
는 과정에서 서로 손이 부딪혀 다칠 수 있고, 힘이 과하게 들

어가 스틱이 부러질 수도 있으니 연필을 잡듯이 잡고 연습을
해본다.

3) 처음 시작 시에는 주사위를 던져서 나온 숫자, 색깔, 표정을 같
이 소리 내어 조합해본다.

4) 혹시 급하게 움직이면서 스틱을 잡은 손이 주먹 쥔 모양으로
바뀌면 중간중간 연필 잡은 손으로 수정해준다.

확장

1) 아동의 수준에 맞게 주사위를 3개에서 2개로 줄일 수 있다.

2) 주사위 2개로 실행할 시, 던질 때마다 숫자, 색깔, 표정 중 2개
를 랜덤으로 골라 계속 바꿔가며 순간적인 전환이 잘 되는지
볼 수 있다.
예 숫자+표정 → 색깔+숫자 → 표정+숫자 → 표정+색깔 → 색깔+표정
→ …

3) 주사위 3개로 실행할 시, 주사위를 던져 나온 결과의 옆에 있
는 타일 가져오기로 정하여 한 번 더 작업하도록 이끌어볼 수
있다.
예 2개(숫자) + 파랑(색깔) + 미소(표정) + 의 오른쪽

빠르고 정확하게 No. 1

목표: 처리속도

- 보조 목표: 시각-운동 협응능력, 주의집중능력

준비물: 카드(과일, 동물 등등)

절차

1) 1단계
① 카드를 준비하고 자신이 원하는 과일을 선택한다.
② 정해진 시간 안에 선택한 과일에 도장을 찍거나 동그라미
   표시를 한다.
③ 시간 안에 찾은 개수를 확인한다.

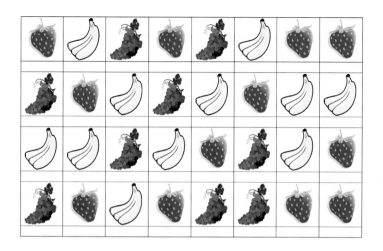

2) 2단계

① 카드를 준비하고 과일별로 도형 모양을 지정한다.

　　예 딸기-동그라미, 바나나-세모 등

② 정해진 시간 안에 수행한 개수를 체크한다.

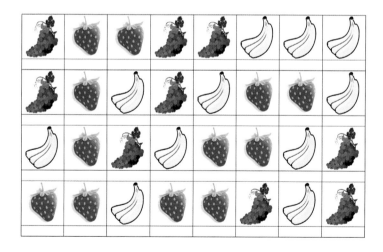

3) 3단계

① 카드를 보여준 뒤 목표한 과일을 찾도록 한다.

② 아동의 수준에 따라 과일의 개수를 조절한다.

1) 아동의 수준에 맞게 활동 단계를 선택한다.

2) 아동의 수준에 따라 제시하는 시간을 조절해서 아동의 성취감을 향상시킬 수 있도록 한다.

3) 아동이 좋아하는 캐릭터나 주제를 활용해서 스스로 문제를 만들어 제시하는 것도 흥미와 동기를 유발하고 주도성을 높일 수 있는 방법이 된다.

빠르고 정확하게 No. 2
– 할리갈리 컵스

| 목표: 처리속도 |

- 보조 목표: 시각 작업기억능력

| 준비물: 할리갈리 컵스 보드게임 |

1) 1단계

① 할리갈리 컵과 카드를 준비한다.

② 기존의 방법대로 카드를 보고 빨리 컵을 배열하는 사람이 승리를 한다.

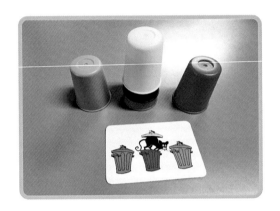

2) 2단계

① 카드를 보여준 뒤 카드를 뒤집어놓고 색깔을 기억해서 컵을 배열하도록 한다.

② 카드에 있는 색의 배열을 상대방이 불러준 뒤 색깔을 기억해서 컵을 배열하도록 한다.

3) 3단계

① 카드를 보여준 뒤 거꾸로 뒤집어놓고 색깔을 기억해서 컵을 배열하도록 한다.

② 카드에 있는 색의 배열을 상대방이 불러준 뒤 기억해서 거꾸로 배열하도록 한다.

4) 4단계

① 스트룹 카드의 규칙을 설명한다. 글씨를 쓴 색깔을 기억해서 카드를 배열하도록 한다.

② 처음에는 카드를 보고 컵을 배열하도록 하고, 익숙해지면 카드를 뒤집어놓고 색깔을 기억해서 배열하도록 한다.

확장

1) 아동의 수준에 맞게 난이도를 조절할 수 있다.

2) 할리갈리 컵스의 컵을 기억하여 색을 배치하되 글자의 위치를 위 또는 아래로 구분을 하여 배치하고 아동은 이를 확인하고 빠른 시간 안에 배치할 수 있도록 연습한다.

3) 처리속도 향상을 위해서 같은 활동을 하더라도 매번 정해진 시간을 기록하여, 처음보다 기록이 향상된 것을 아동이 스스로 확인하게 해서 동기를 유발할 수 있다.

링엘딩 – 할리갈리

목표: 처리속도

- 보조 목표: 시지각주의력, 행동억제

준비물: 할리갈리 링엘딩 보드게임

1) 가운데에 종을 놓는다.

2) 문제 카드를 잘 섞은 뒤, 종 가까이에 뒷면이 위로 오게 한 더미로 쌓아둔다.

3) 고리를 모두 종 주위에 골고루 흩어놓는다.

4) 첫 번째 플레이어가 문제 카드 더미 맨 위에서 카드 한 장을 뽑아 카드 더미 옆에 앞이 보이게 펼쳐놓는다.

5) 모두가 볼 수 있게 카드가 펼쳐지면, 각자 최대한 빨리 문제 카드에 그려진 손 그림과 똑같은 모양이 되게 자기 손가락에 고리를 끼우기 시작한다.

6) 가장 먼저 고리를 다 끼운 사람이 고리를 끼운 손으로 종을 친다.

7) 문제를 맞혔다면 펼쳐놓은 카드를 가져간다.

8) 문제를 틀렸다면, 카드 한 장을 반납해야 한다.

도움tip

1) 시각적으로 정보 수집이 어렵게 느껴지는 아동들에게는 고리 색깔이나 손가락의 위치를 언어적으로 언급해주면서 청각 정보를 함께 줄 수 있다.

2) 연령이 어린 나이들과 할 때, 문제 카드를 랜덤으로 하기보다는 좀 더 쉬운 순서로 플레이해볼 수 있다.

확장

1) 놀이 수준과 기능이 좋은 아동들과 놀이를 할 때, 문제 카드를 열어두고 하는 것이 아니라 몇 초간 보고 문제 카드를 기억하게 한 다음 플레이할 수 있다.

셋셋셋

| 목표: 처리속도 |

- 보조 목표: 시지각주의력, 억제능력

| 준비물: 셋셋셋 보드게임 |

1) 카드를 잘 섞은 후 9장을 공개해, 3×3으로 배열한다.

2) 나머지 카드는 똑같이 나눠 가진다.

3) 동시에, 각자 가진 카드 더미에서 4장을 손에 든다.

4) 공개된 9장의 카드 중 1장 위에 가로나 세로 혹은 대각선으로
   배열된 3장의 특징이 같아지도록 특징을 크게 외치며 내려놓
   는다.

5) 만약 이미 한 줄이 같은 특징이라면 동일한 특징의 카드를 내
   려놓을 수 없다.

6) 카드 한 장을 내려놓고, 다시 손에 카드 4장이 되도록 자기 카드 더미에서 카드를 보충한다.

7) 자신의 카드를 모두 내려놓은 사람이 승리한다.

도움tip

1) 알파벳, 색깔, 그림 모두를 보기 어려운 아이에게는 전략적으로 잘 보이는 것을 먼저 보게 하는 방법으로 도울 수 있다.

2) 다른 사람이 카드를 내려놓으면 목표 카드를 다시 찾아야 하기 때문에 빠르게 내려놓을 것을 촉진한다.

확장

1) 아이들의 레벨에 따라 3×3으로 하기도 하지만, 2×2 또는 4×4로 레벨을 확장시킬 수 있다.

2) 알파벳 색 그림의 범주를 이용해서 빨리 처리할 수 있도록 유도하여 처리속도를 향상시킬 수 있다.

폴드 잇

목표: 처리속도

- 보조 목표: 시지각주의력, 행동억제

준비물: 폴드 잇 보드게임

1) 각자 손수건을 한 장씩 받아 자기 앞에 펼쳐둔다.

2) 각자 별 토큰을 3개씩 받는다.

3) 주문서의 카드를 쉬운 카드로 할지 어려운 카드로 할지 정한
   다. 쉬운 카드는 파란색이고 어려운 카드는 주황색이다.

4) 나무 토큰은 사람 수보다 하나 적게 사용한다.

5) 가장 최근에 요리를 한 사람이 선이 된다.

6) 주문서 카드를 잘 보고 모두가 동시에 주문서 카드에 보이는
   음식 그림을 손수건에서 찾아 이리저리 접어 주문서 카드 그림
   과 일치시킨다.

7) 주문서 카드의 그림을 완성한 플레이어는 "폴드 잇"을 외치면
   서 재빨리 나무 토큰을 집어 온다.

8) 가장 늦게 요리를 완성하거나 엉뚱한 요리를 한 사람은 별 토
   큰을 하나 잃게 된다. 마지막까지 별 토큰을 가지고 있는 사람
   이 승리한다.

1) 주문서 카드와 아동이 가진 손수건 안의 그림이 일치하는지 손 가락을 하나씩 접어서 하나하나 확인시켜줄 수 있다.

2) 접을 때 어느 방향으로 접을지 미리 물어봐주고 미리 생각해서 접어 시간 단축을 도울 수 있다.

| 확장

1) 자신이 원하는 음식을 서로 말하면서 서로에게 주문을 할 수 있다.

암호를 찾아라!

목표: 처리속도

- 보조 목표: 청각 작업기억, 시각 작업기억능력

준비물: 아동 수준에 맞는 암호단서표와 암호 카드

절차

1) 선생님이 들려주는 숫자를 잘 듣고 암호를 찾아보세요.

암호 코드 1단계									
1	2	3	4	5	6	7	8	9	10
ㅏ	ㅓ	ㅗ	ㅜ	ㄱ	ㄴ	ㄷ	ㅁ	ㅂ	ㅊ

암호 코드 2단계									
1	2	3	4	5	6	7	8	9	10
ㅏ	ㅓ	ㅣ	ㅜ	ㄱ	ㄴ	ㄷ	ㅁ	ㅂ	ㅈ
11	12	13	14	15	16	17	18	19	20
ㅅ	ㅇ	ㅈ	ㄹ	ㅑ	ㅕ	ㅗ	ㅡ	ㅣ	ㅛ

1단계	문제	암호	2단계	문제	암호
(1)	9.1.6.1.6.1	바나나	(5)	14.1.8.16.6	라면
(2)	5.4.7.4	구두	(6)	10.1.10.2.6.5.2	자전거
(3)	10.3.5.4	지구	(7)	12.17.10.19.12.12.2	오징어
(4)	9.3.6.4	비누	(8)	14.1.7.9.12.17	라디오

2) 선생님이 들려주는 숫자를 잘 듣고 기억한 뒤 기억한 숫자와 암호 코드를 비교해서 암호를 찾아보세요.

도움tip

1) 아동의 수준에 맞게 암호 카드와 암호 코드를 선택한다.

2) 처음에는 암호 코드를 활용해서 암호를 찾는 연습을 한다.

3) 작업기억 처리를 더 높이기 위해서는 암호를 청각적, 시각적으로 제시한 뒤 기억해서 암호를 찾도록 할 수 있다.

4) 암호 코드를 활용해서 아동 스스로 문제를 만들어 제시하는 것도 흥미와 동기를 유발하고 주도성을 높일 수 있다.

제5화

인지유연성

5화 개관

인지유연성(Cognitive Flexibility)은 억제 및 작업기억을 포함하는 실행기능의 핵심 구성요소로서, '전환 (shifting)'능력을 일컫는다(Cragg & Chevalier, 2012). 새로운 변화의 상황에서 예상하지 못한 것에 대한 대처할 수 있는 역량(Gough, 1995), 변화할 수 있는 능력(Thurston & Runco, 1999)이라고도 하였다.

이는 변화하는 환경에 유연하게 반응하는 능력으로, 기존에 알았고 유용하다고 생각했던 방식이 더 이상 유용하지 않을 경우 이를 억제하고 새로운 전략이나 방법으로 바꾸는 것을 말한다. 하나의 활동이나 혹은 다양한 활동에 대한 관점을 폭넓게 갖는 것을 말하기도 한다.

인지유연성이 높은 아동들은 좌절의 상황이 와도 다양한 선택지가 있다고 생각하기 때문에 좌절 상황에 대한 극복과 전환 작업이 이루어진다. 하지만 인지유연성이 낮은 아동들의 경우 현재 상황 이외의 다른 선택지가 없다고 생각하기 때문에 매우 공격적이고 불쾌한 정서를 가지고 있으며 협소한 시각능력으로 '시야가 좁다'라는 이야기를 많이 듣는다. 이러한 아동들은 문제 상황에 직면하면 다양한 해결책을 찾지 못하여 상황의 통제를 막는 부정적인 자동적 사고가 발생하기 때문에 쉽게 경직되는 경우가 발생한다.

따라서 이러한 인지유연성의 향상은 전환능력과 확산적 사고의 발달을 목적에 두는 것이 필요하다. 그렇기 때문에 훈련을 진행하면서도 아동들이 생각하는 다양한 생각이나 의견에 대한 수용이 필요할 수 있겠으며, 답이 정해진 상태에서 훈련이나 과제를 생각하고 진행하기보다는 다양한 의견이 있을 수 있고 정해진 답이 없이 누구나 생각할 수 있는 방식을 제시할 수 있는 열린 환경 또한 필요할 것이다.

본 워크북에 나온 다양한 과제들은 인지유연성을 자극할 수 있는 다양한 프로그램으로 구성되어 있으며, 이러한 구성은 보드게임에 있는 규칙서나 설명서에 의존하기보다는 상담사의 다양한 역량과 경험을 토대로 확산적 사고를 통해 다양한 방법으로 구성될 수 있을 것이다.

이매진

- 보조 목표: 추상적 사고, 창의력

| 준비물: 이매진 보드게임 |

1) 게임 판을 중앙에 놓고, 모든 투명카드를 게임 판 주변에 펼쳐
   놓는다.

2) 점수 토큰은 테이블 한쪽에 모아둔다.

3) 출제자는 제시어 카드를 잘 섞어 세 묶음으로 나눈다. 힌트가
   있는 뒷면이 보이도록 놓아둔다.

4) 출제자는 맨 위에 있는 카드 한 장을 골라 힌트를 크게 읽어주
   고, 카드를 뒤집어 제시어 5개 중 하나를 선택한다.

5) 출제자는 투명 카드를 필요한 만큼 자유롭게 사용해서 게임 판
   위에 올려놓고 정답을 만든다.

6) 누군가 답을 맞히면 정답을 맞힌 사람과 출제자가 각각 점수
   토큰을 가져간다. 게임이 끝난 후 가장 많은 점수 토큰을 가지
   고 있는 사람이 승리한다.

1) 주제어와 관련된 장소나 연관 단어들로 주제어의 이미지를 떠올릴 수 있게 돕는다.

2) 투명 카드를 하나하나 함께 집으면서 탐색할 수 있게 돕는다.

3) 인지유연성의 확장을 위해 주제어에 대한 다양한 사고를 할 수 있도록 이끌어야 한다.

확장

1) 주제어를 연결해서 이야기를 만들어보는 것도 할 수 있다.

2) 시간을 정해놓고 진행해볼 수 있다.

3) 다양한 사고를 이끌어내기 위해서 상담사가 먼저 만든 것에 대해서 다양한 사고를 하여 결과물을 만들었다는 것을 인식시키고 아동에게도 설명할 수 있도록 유도한다.

미션 007

목표: 인지유연성

- 보조 목표: 논리적 사고, 시각 및 공간지각능력, 창의력

준비물: 미션 007 보드게임

1) 카드를 모두 섞은 뒤, 각 모두에게 똑같은 수만큼 나눠준다. 모든 플레이어는 각자 카드 더미를 뒷면이 보이게 엎은 상태로 한 손에 든다.

2) 자기 차례가 되면 자신의 카드 더미 맨 위 카드 1장을 테이블 가운데에 앞면이 보이게 펼치고 카드에 맞게 행동을 수행한다. 행동이 끝나면 다음 플레이어에게 차례가 넘어간다.

3) 각 카드별 행동은 다음과 같다.

① 스파이: 숫자 하나를 외쳐야 한다. 스파이 카드를 처음 낸 플레이어는 "1"이라고 외친다. 다음 플레이어는 카드를 내고 "2"라고 외친다. 이런 식으로 7까지 올라갔다면, 그다음부터는 6, 5… 순서로 내려와야 한다. 1까지 떨어졌다면 다시 2, 3… 순서로 올라간다.

② 스파이 둘: 앞 숫자 다음에 이어지는 두 숫자를 연속으로 외쳐야 한다. 그리고 다음 플레이어 차례를 건너뛴다. 예를 들어 앞 플레이어가 6을 외친 다음 스파이 둘 카드를 냈다면, "7, 6"이라고 외치고 바로 다음 플레이어 차례를 건너뛴다.

③ 휴대폰: 스파이 카드와 같다. 단, 숫자를 외치지 않고 "큼"이라고 헛기침을 한다.

④ 휴대폰 둘: 스파이 둘 카드와 같다. 단 숫자를 외치지 않고 "큼 큼"이라고 헛기침을 한다. 스파이 카드처럼 다음 플레이어 차례를 건너뛴다.

⑤ 총: 스파이 카드와 같다. 단, 숫자를 외치지 않고 침묵을 지킨다.

1) 본 게임의 경우 '3, 6, 9'와 게임 방식이 비슷한 부분이 있기 때문에 초기에 아동이 적응할 수 있도록 '3, 6, 9' 게임을 진행한다.

2) 카드의 그림을 인식하는 시간이 필요하기 때문에 아동들과 카드를 같이 확인하면서 카드의 미션을 미리 연습하여 익힌다.

3) 처리속도가 목표가 아니라 인지유연성이 목표이기 때문에 초반에는 카드가 나왔을 때 아동과 함께 어떤 동작을 취해야 하는지 연습하고 점차적으로 속도를 내도록 한다.

마블 서킷

목표: 인지유연성

- 보조 목표: 공간지각능력, 추론적 사고

준비물: 마블 서킷 보드게임

1) 게임 보드 윗부분 가로로 길게 파인 홈에 게이트를 넣는다. 그 다음 가로 홈과 맞붙어 있는 동그란 모양의 홈에 쇠구슬 8개를 하나씩 놓는다.

2) 챌린지 카드의 앞면엔 문제가, 뒷면엔 정답이 나와 있다. 자신이 도전할 문제를 선택한 뒤 앞면의 그림과 똑같이 타일을 맞춰 넣는다.

3) 비어 있는 칸에 남은 타일들을 채워 넣는다. 챌린지 카드의 아랫부분에 5개의 숫자가 적혀 있는데 그것은 각 구역별로 들어와야 되는 구슬의 개수를 뜻한다.

4) 타일을 어디에 놓냐에 따라 구슬이 굴러가는 방향도 천차만별이므로 타일이 어느 구역에 들어갈지 예측해야 한다.

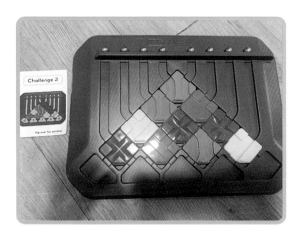

5) 챌린지 카드의 숫자가 커질수록 문제가 점점 어려워진다.

도움tip

1) 비어 있는 공간에 어떤 모양의 타일이 필요한지 미리 다양한 가능성을 생각할 수 있도록 돕는다.

2) 충동적으로 모양을 맞추는 데 급급한 아동들과는 구슬이 어떠한 방식으로 흘러가는지 탐색하는 시간을 갖는다.

3) 타일을 바로 넣기보다는 아동이 스스로 조망하여 사고할 수 있도록 머릿속으로 먼저 그려본 후 행동하도록 유도한다.

확장

1) 시간을 정해서 미션을 수행해볼 수 있다.

2) 타일을 넣기 전에 그림을 그려서 방향을 예상해보도록 할 수 있다. 충동적인 아동들의 경우 try and error 전략을 사용하기 때문에 우선 그림을 가지고 사고를 하도록 유도하여야 한다.

픽 픽

| **목표: 인지유연성**

- 보조 목표: 시각적 주의력, 계획적 사고

| **준비물: 픽 픽 보드게임**

1) 사진을 중앙에 쌓아놓는다.

2) 사진 더미에서 각자 1장씩 가져와 자기 앞에 앞면으로 펼쳐놓는다.

3) 각자 자신을 제외한 나머지 사람 수만큼 더미에서 사진을 뽑아 보이지 않게 손에 들고 있는다.

4) 다른 사람의 앞에 놓아진 사진과 최대한 공통점이 있는 사진을 골라서 그 사람에게 뒷면으로 준다.

5) 각자 더미에서 사진 1장을 가져오고 다른 사람들이 준 카드와 함께 섞는다.

6) 사진들의 앞면을 확인한 후, 자기 앞에 놓인 사진과 비교해 순위를 정한다. 가장 비슷하다고 생각되는 순서대로 사진을 늘어놓는다.

7) 1등으로 뽑힌 사진을 준 사람은 2점, 2등으로 뽑힌 사진, 순위를 정한 사람은 모두 1점을 얻는다. 주인 없는 사진이 가장 낮은 순위에 정한 사람은 1점, 주인 없는 사진이 중간에 나오면 점수를 얻을 수 없다.

8) 라운드가 끝났을 때 누군가가 20점 이상이 되었다면 게임을 종료한다.

▌도움tip

1) 1:1로 하는 경우에는 각자 뽑을 카드 수를 정하고 시작한다.
   예 1인 3장 또는 5장 등

2) 1:1로 하는 경우에는 순위를 정하지 않고 가장 비슷한 사진을 한두 장 정도만 뽑는 것으로 할 수 있다.

3) 아동의 수준에 맞게 카드를 미리 선별하여 준비할 수 있다.

1) 카드를 이용해 여러 가지 분류를 해볼 수 있다.

2) 라운드마다 주제를 정하여 주제에 맞는 카드를 정하도록 한다.

3) 감정과 연계하여 감정을 표현할 수 있도록 주제를 정하거나 일
  상생활에 대한 주제 혹은 추상적인 사고를 향상할 수 있는 주
  제를 먼저 상담사가 정하여 진행하면 조금 더 구조화된 인지유
  연성 훈련이 될 수 있다.

랩 마이스

목표: 인지유연성

- 보조 목표: 시각적 주의력, 계획하기

준비물: 랩 마이스 보드게임

1) 바둑판 모양의 퍼즐 판을 준비한다.

2) 퍼즐 판 속에 동일한 색으로 매칭되는 쥐와 치즈를 찾는다.

3) 쥐와 치즈를 선으로 연결하는데, 이때 선은 수직 또는 수평으로만 연결할 수 있다.

4) 연결선은 겹치지 않는다.

5) 선을 연결할 때는 아직 연결되지 않은 쥐와 치즈를 닫힌 형태로 만들면 안 되고 퍼즐 판의 좌표를 수정하여 닫혀 있지 않은 형태의 길로 만들어야 한다.

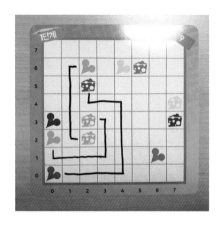

6) 되도록 모든 칸을 사용한다.

1) 퍼즐의 가장자리 좌표에 매칭되는 쥐와 치즈가 있을 경우, 가장자리 좌표부터 선을 그리면 도움이 된다.

2) 구석에 있는 것부터 또는 길이 단 하나만 나오는 것부터 찾아서 시작해도 좋다.

3) 이미 그려진 다른 길과 근접한 좌표에 길을 만들면 도움이 된다.

4) 남아 있는 쥐들의 경로를 방해하지 않도록 잘 살펴보며 선을 그어준다.

1) 정답이 하나가 아니기 때문에 여러 가지 다양한 방법을 찾아볼 수 있다.

2) 아이들 수준에 따라 1단계 카드의 쥐와 치즈를 가려서 난이도를 더 낮출 수도 있다.

3) 쥐와 치즈의 연결 대신 멀리 떨어져 있는 쥐와 쥐, 치즈와 치즈를 연결해볼 수도 있다.

스토리 큐브

목표: 인지유연성

- 보조 목표: 메타인지, 처리속도

준비물: 스토리큐브 보드게임

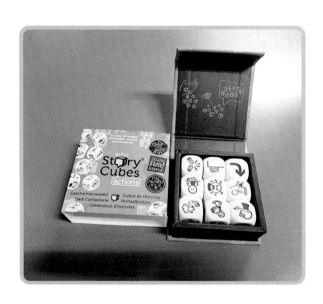

1) 이야기꾼의 순서를 정한다.

2) 순서에 따라 이야기꾼은 9개의 주사위를 던져서 나온 면을 사용해서 이야기를 만들어낸다.

3) 이야기를 성공적으로 만든 사람은 점수를 얻게 된다.

도움tip

1) 아동의 연령과 스토리를 만드는 수준에 따라 주사위 개수를 정할 수 있다.

2) 아동의 처리속도와 문제해결력을 높이기 위해 시간을 제한하거나 큐브의 순서를 상대방이 지정할 수 있다.

3) 자유 스토리를 만들거나 스토리의 장르, 주제 등을 지정해서 목표에 맞게 이야기를 구성하도록 할 수 있다.

4) 스토리 내용을 워크시트에 작성하도록 한다.

이야기 종류			
등장인물		배경	

큐브 그림	
제목	
내용 줄거리	
삽화	

1) 아동의 연령과 수준에 따라 큐브의 종류를 혼합하여 다양한 큐브를 활용해서 이야기를 만들어보도록 할 수 있다.

2) 같은 큐브로 서로 돌아가면서 이야기를 만드는 방법, 릴레이로 이야기를 만들어가는 방법 등 다양한 형태로 진행할 수 있다.

3) 그룹으로 진행하는 경우 이야기를 들어본 뒤 백일장 형태로 '재미상', '창의상', '감동상' 등의 항목에 맞게 이야기를 잘 만든 아동을 뽑을 수 있다.

4) 상대방의 이야기를 듣고 들은 내용을 잘 기억해서 큐브를 재배치하거나 언어로 전달하는 활동으로 연결시킬 수 있다.

슈퍼 플라이

목표: 인지유연성

- 보조 목표: 처리속도, 작업기억

준비물: 슈퍼 플라이 보드게임

1) 참가자는 파리채를 1개씩 받는다.

2) 순서를 정해 시작 플레이어가 된 사람은 시작 플레이어 토큰을 가져온다. 시작 플레이어는 파리 카드 36장을 잘 섞은 다음 각 플레이어에게 1장씩 나누어준다. 이렇게 처음 받은 1장은 라운드가 끝날 때까지 뒤집어놓고 본인만 보면서 플레이하도록 한다.

3) 남은 파리 카드 더미는 뒤집어서 테이블 가운데에 놓고 플레이어 수보다 하나 적은 수만큼 무작위로 카드를 보이게 펼쳐놓는다(단, 2명이 할 때는 예외로 2장을 펼쳐놓고 한다).

4) 게임은 여러 라운드로 진행되는데, 각 라운드마다 카드를 5장까지 모을 수 있다.

5) 카드를 모으는 조건은 색이 같은 카드, 숫자가 같은 카드, 숫자

와 색이 모두 다른 카드로 위의 3가지 방법 중 자기에게 유리한 방법을 상황마다 선택해서 모아야 한다.

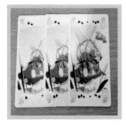  

6) 시작 플레이어가 "하나, 둘, 셋"을 외치면 모든 플레이는 동시에 "잡았다!"라고 외치며 원하는 카드를 파리채로 내리쳐야 한다. 파리채를 내리칠 때는 파리채 속 주사위가 충분히 굴러가야 한다.

7) 모두 파리채를 내리치고 나면 다음 규칙에 따라 카드를 가져갈 수 있다.

① 카드를 혼자 선택한 경우: 해당 플레이어가 카드를 가져간다.

② 여러 명이 카드를 선택한 경우: 파리채 속 주사위 수가 큰 사람이 카드를 가져간다.

③ 주사위 눈금이 서로 같은 경우: 해당 플레이어들은 모은 카드를 전부 서로 교환한다. 주사위 수가 같은 사람이 셋 이상이라면 자기 왼쪽 사람과 카드를 전부 교환한다. 이렇게 카드를 교환하게 된 플레이어들은 해당 라운드의 카드를 가져갈 수는 없다.

④ 아무도 가져가지 않아 남겨진 카드는 버린 카드 더미에 놓는다.

⑤ 고르고 싶은 카드가 없으면 아무것도 고르지 않아도 되나, 상

대방보다 늦게 고르면 카드를 받을 수 없다.

8) 카드를 5장 먼저 모은 플레이어는 잠시 쉬고 나머지 플레이어들은 모두 5장이 될 때까지 라운드를 진행한다.

9) 각자 모은 카드 세트를 비교하여 조건에 맞는 카드 수가 많은 사람이 황금 토큰을 얻게 된다. 조건에 맞는 카드 수가 서로 같다면 모두 토큰을 얻는다. 황금 토큰을 먼저 3개 모은 사람이 승리한다.

도움tip

1) 파리 카드 모두 6가지 색깔이 있고 각각 1~6까지 숫자가 있음을 숙지시킨다.

2) 카드를 가져가는 3가지 기본 조건에 맞게 카드 세트를 만드는 연습을 해본다. 숫자와 색이 모든 다른 조건으로 모을 때는 카드 세트 안에 같은 숫자나 같은 색이 중복되지 않도록 주의한다.

3) 파리채로 카드를 선택할 때 "하나, 둘, 셋"이라고 외치는 사람의 속도에 따라가는 경우가 많기 때문에 참가자들이 골고루 돌아가면서 "하나, 둘, 셋"을 외치게 하는 것이 좋다.

4) 본인에게 도움이 되는 카드가 아니더라도 상대방을 견제하기 위해 상대방에게 도움이 되는 카드를 가지고 와야 하는 경우도 있으며 아동들에게 이런 전략에 대해 시범을 보일 수도 있다.

5) 시야가 좁은 아동들은 상대방의 카드 패를 고려하지 않고, 자신만의 카드만 보는 경향이 많아서 중간중간 상대방의 패를 확인하도록 촉구해야 한다.

확장

1) 더 쉬운 레벨로 카드를 가져가는 조건 3가지 중 '숫자와 색이 모두 다른 경우'는 제외하고 2가지 조건으로만 진행할 수 있다.

2) 각 라운드에 가져갈 수 있는 카드의 총 장수를 늘려서 할수록 다양한 변수를 고려하는 훈련이 될 수 있다.

바퀴벌레 샐러드

| 목표: 인지유연성, 주의전환, 인지억제 |

- 보조 목표: 언어 작업기억, 행동억제, 시각주의력

| 준비물: 바퀴벌레 샐러드 보드게임 |

1) 양상추, 파프리카, 콜리플라워, 토마토 네 종류의 야채 이름을
   외워야 한다.

2) 카드 더미를 모두 섞어서 모두 똑같이 나눠 갖는다.

3) 규칙을 이야기하고 먼저 카드를 낼 사람을 정한다. 네 가지 모
   양의 카드는 "바퀴벌레"라고 이야기하고 내야 한다.

4) 카드를 똑같이 나눠 가진 상태에서 순서를 정하고 한 명씩 카
   드를 낸다.

5) 한 명씩 카드 이름을 말하며 카드를 내야 하는데 앞 사람이 말한 이름은 말할 수 없다.

예 앞 사람이 카드를 내며 "파프리카"를 이야기했다. 내가 낼 차례에 파프리카가 나오면 다른 이름으로 이야기해야 한다(토마토, 콜리플라워, 양상추). 앞 사람이 같은 파프리카에 "토마토"라 이야기했는데 내 차례에 '토마토'가 나오면 "양상추"나 "콜리플라워" 등 다른 이름을 말해야 한다. "토마토"나 "파프리카"는 말할 수 없다. 위기를 잘 넘겨서 다른 카드가 나오면 다시 정상적으로 나온 카드의 이름을 말하면 된다.

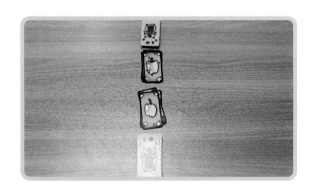

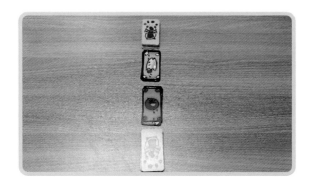

6) 바퀴벌레 카드가 나왔다면 그림에 보이는 것처럼 파프리카×
바퀴벌레 카드면 이제 파프리카는 말할 수 없는 상황이 된 것
이다(바퀴벌레 카드는 옆에 두고 "파프리카"를 말할 수 없게 되었다).

7) 다른 바퀴벌레 카드(콜리플라워×)가 나오면 위에 덮고 이제는
"콜리플라워"를 말할 수 없는 상황이 된 것이다.

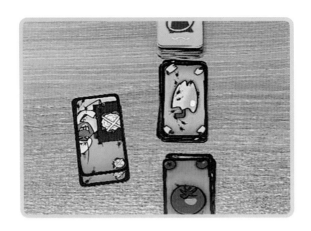

8) 만약 콜리플라워×의 바퀴벌레 카드가 펼쳐져 있다면 다음 사
람은 콜리플라워가 나와도 "토마토"나 "양상추"로 이야기해야
하고 다음 사람도 콜리플라워가 나와도 "콜리플라워"와 "토마
토"를 이야기할 수 없고 "파프리카"나 "양상추"를 이야기해야
한다(그림에서 콜리플라워×바퀴벌레 카드와 콜리플라워 카드가 같이 펼
쳐져 있다. 콜리플라워를 펼친 사람은 앞에 보이는 "파프리카"와 "콜리플
라워"를 이야기할 수 없다).

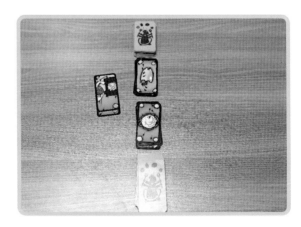

9) 이와 같이 서로 돌아가며 이야기를 하는데 만약 틀리거나 느리

게 하는 사람이 있으면 펼쳐진 카드를 다 가지고 가야 하며, 카드가 가장 적은 사람이 이기는 게임놀이다.

도움tip

1) 인지유연성이 부족한 아동과의 훈련 상황에서 아동에게 이름을 먼저 외울 수 있게 한다. 카드를 한 장씩 펼치며 토마토, 파프리카, 콜리플라워, 양상추가 있다고 이야기해준다.

2) 이름을 어느 정도 익숙하게 발음할 수 있게 되면 우선 이름을 말할 수 있게 연습을 진행한다. 한 장씩 내야 하며 상대방이 낸 카드를 확인하여 자신이 내는 카드와 같은지 확인하도록 유도한다.

3) 카드가 다르다면 그림에 있는 카드를 이야기하면 간단하지만 상대방 카드와 같은 그림이 나온다면 다른 이름으로 이야기해야 한다는 것을 인지시킨다.

4) 기본 방식이 익숙해지면 이제 추가 규칙으로 '바퀴벌레 카드'를 보여주고 금지어에 대한 훈련을 시작한다. 파프리카× 카드가 나오면 "파프리카"는 말할 수 없다는 것을 연습한다.

5) 충분하게 변칙되는 상황에 대처하는 방식을 익숙하게 진행한 이후에 실제 게임놀이로 진행하며, 이제부터 머뭇거리거나 잘못 말하는 경우에 펼쳐져 있는 카드를 모두 가져가는 것으로

규칙을 정한다.

1) 연령이나 인지 수준에 따라 바퀴벌레 카드를 제외하고 진행할 수 있다.
- 처음 하는 게임놀이에서는 '바퀴벌레' 카드를 제외하고 진행하는 것이 좋다.
- 그림의 이름이 조금 어려울 수 있기 때문에 파프리카는 고추, 양상추는 상추, 콜리플라워는 콜리 등으로 변경하여 진행할 수 있다.
- 조금 더 쉬운 방법으로는 목표 그림을 2개 정도로 줄여서 사용하는 것도 좋다.

2) 순간적으로 생각하고 바로 말해야 하기 때문에 처음에는 속도를 조금 천천히 해야 한다.

3) 어려운 방법으로는 바퀴벌레 카드를 2개 금지어로 적용하여 진행할 수 있다.

4) 이 게임놀이의 목적은 인지유연성 향상에 목적이 있기 때문에 승부에 집중하기보다는 아동이 순간 전환해야 하는 상황에서 적절히 유연한 사고를 활용하여 표현하는지를 관찰할 수 있어야 한다.

미션 임파서블

목표: 인지유연성

- 보조 목표: 문제해결력, 처리속도

준비물: 워크시트(장소, 물건)

절차

1) 순서와 말을 정한다.

2) 순서에 따라 문제 카드를 뒤집는다.
   예 화장실-휴지, 학교-연필, 지하철-교통카드

3) 이런 상황에서는 어떤 감정이 드는지 감정 카드를 선택한다.

4) 제시된 상황에서 어떻게 문제를 해결할지에 대해서 이야기한다.

5) 미션에 성공하면 칩을 받는다.

화장실 - 휴지
컵라면 - 젓가락
지하철- 교통카드
엄마 - 핸드폰
비 - 우산

도움tip

1) 아동의 수준에 따라 상황과 감정을 먼저 연결하는 작업을 수
행하고 자신에게 그런 일들이 있었는지 이야기를 해보도록
한다.

2) 자신에게 이런 일이 발생했을 때 어떻게 해결했었는지 경험을
말해보도록 한다.

3) 아동의 처리속도와 문제해결력을 높이기 위한 경우에는 시간
을 제한해서 빨리 이야기를 하도록 하거나 게임 형식으로 경쟁
하도록 진행하는 것이 효과적이다.

4) 인지적 유연성을 향상시키기 위해서는 다양한 문제해결 방법
을 찾는 것이 도움이 되므로 정답을 찾기보다는 다소 엉뚱하거
나 기발한 생각들에 대해서도 제한하지 않는 것이 필요하다.

1) 아동의 연령에 따라 실제 생활에서 만날 수 있는 장소와 연결해서 문제를 제시할 수 있다.

2) 그룹으로 진행되는 경우 같은 상황에서 어떻게 대처할 것인지에 대해 이야기하도록 할 수 있다.

3) 상대방의 이야기를 듣고 들은 내용에 대해 좋은 아이디어인지 아닌지에 대해 평가하는 것을 연습할 수 있다. 부정적인 피드백보다는 합리적인 피드백이 될 수 있도록 하는 것이 중요하므로 그룹의 특성, 관계성을 고려해서 진행하는 것이 필요하다.

마스터 마인드

> **목표: 인지유연성, 계획능력, 추론능력**

- 보조 목표: 공감능력

> **준비물: 마스터 마인드(Mastermind) 보드게임**

1) 문제를 내는 사람과 문제를 맞혀야 하는 사람을 정한다(수비
와 공격). 수비자는 색을 정할 수 있는 도구를, 공격자는 12번의
기회가 있는 도구를 갖는다.

2) 수비자는 네 가지 색을 정하는데 공격자가 볼 수 없도록 혼자
만 색을 정한다(색은 총 8가지로 빨강, 노랑, 파랑, 주황, 연두, 회색, 흰
색, 분홍).

3) 문제를 정하고 힌트를 주는 방법에 대해서 이야기해준다. 그림에서 수비자는 연두, 주황, 빨강, 노랑을 정했고 공격자는 노랑, 흰색, 파랑, 회색으로 색을 표시했다. 이와 같은 경우 색은 노랑만 맞은 상태인데 위치가 틀렸기 때문에 왼쪽 하얀색 표시를 1로 남겨준다.

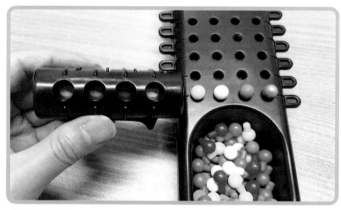

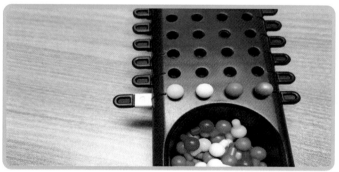

4) 첫 번째 기회기 끝났고 다음 차례에 공격자는 두 번째 기회를 갖고 표시를 남긴다. 두 번째 기회에서 공격자는 회색, 파랑, 빨강, 노랑으로 표시했다. 이번에는 빨강, 노랑의 색이 맞았다. 그런데 수비자가 표시한 것을 보니 두 가지 색은 색도 맞지만 위치도 똑같이 맞았다. 그렇다면 수비자는 오른쪽 빨간색 힌

트를 표시해주어야 한다.

5) 이제 공격자는 이와 같은 힌트를 통해 어떤 색이 맞는지 추리를 해야 한다. 자신이 생각한 색이 맞는지 확인하기 위해 아래의 힌트를 보며 예측해보아야 하고 만약 다음 차례에 자신이 생각한 것과 다른 방향의 힌트가 나온다면 태세를 전환하여 다른 방식으로 제시를 해야 상대방의 의도를 파악할 수 있게 될 것이다.

6) 이때 절대 수비자는 색을 바꾸거나 하면 안 된다.

7) 수비자가 정해놓은 색과 공격자가 제시한 색이 위치와 정확하게 맞았다면 공격자는 성공한 것이다. 하지만 12번의 기회를 살리지 못하고 힌트를 보고도 4가지 색과 위치를 맞히지 못했다면 수비자가 승리한 것이다.

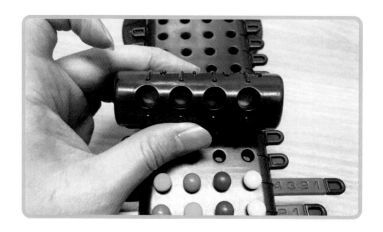

❚ 도움tip

1) 이해하면 쉬우나 처음에 힌트 주는 방식이나 게임 방법을 설명하는 데 어려움이 있을 수 있다. 8가지의 색을 한 가지가 아닌 다양한 방식으로 조합해야 한다는 것을 인식시킨다.

2) 수비자가 색을 정할 때에는 한 가지 색으로 4개를 정해도 되며, 2개씩 색을 정해도 되고 4개 각기 다른 색을 정해도 되는데 이러한 룰에 대해서 처음 인식시키되 아이들은 수비자를 하여 선생님이 속도록 하는 것을 원할 수 있기 때문에 처음에는 색을 보여주며 공격과 수비를 나눠서 진행할 수 있도록 유도한다.

3) 힌트에 대한 이해가 부족할 수 있기 때문에 우선 수비자의 색을 다 보여준 후 2~3회는 아동이 놓은 것을 보며 힌트를 연습시켜야 한다.

4) 특히 흰색의 힌트와 빨간색의 힌트를 헷갈려하는데, 흰색은 색은 맞혔는데 위치가 틀린 경우, 빨간색은 색과 위치가 모두 맞은 경우라고 명확히 해야 한다.
   예 흰색 1, 빨강 2로 맞춰졌다면 3가지의 색이 맞다는 것이다.

5) 가끔씩 날씨나 상황을 이야기하며 상대방의 기분에 따라 밝은 색과 어두운 색을 골랐을 것이라 추측하며 감정을 인식하게 하면 아동들도 모델링하여 상담사의 감정을 물어보는 경우도 있다.

확장

1) 이 게임놀이는 인지수준이 일정 수준 이상인 경우에 진행하는 것이 좋다.

2) 과거에 게임놀이 중에 야구 게임과 같은 방법으로, 보드게임 구매가 어렵다면 야구 게임 방식을 적용하는 것도 방법이다(숫자 0~9까지의 숫자 중 4개를 수비자가 적고, 공격자가 숫자를 적으면 숫자의 위치가 틀렸지만 숫자가 맞으면 "볼", 숫자가 위치까지 맞았다면 "스트라이크"로 힌트를 준다).

3) 마스터 마인드는 다양한 사고를 촉진시키는 게임놀이로서 게임의 승패보다는 힌트를 보고 아동이 적절하게 방향을 잃지 않고 유지할 수 있는지, 현재 상황에서 이 패턴을 보고 유추하며 색을 정하고 있는지를 파악하여 방향을 잘 잡을 수 있도록 도와주어야 한다.

숲속의 음악대

목표: 인지유연성

- 보조 목표: 시각주의력, Motor Planning

준비물: 숲속의 음악대 보드게임

1) 미션 카드 4장을 미리 보여주고 미션을 소개한다. 미션을 어떻게 수행하는지 나눈다(북-책상 치기, 지휘자-만세하기, 심벌즈-박수 1번, 가수-귀 막기).

2) 모의 시행을 몇 번 해본다.

3) 11장의 미션 카드 포함 다른 카드들이 있음을 보여준다. 다른 카드가 펼쳐졌을 때에는 행동을 하지 않고 가만히 있어야 함을 규칙으로 설정한다.

4) 모든 카드를 섞어서 똑같이 나눠 갖는다.

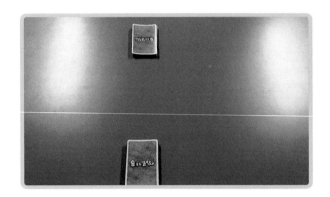

5) 카드는 한 장씩 자신의 카드 더미 앞에 그림이 보이도록 내어 놓는다. 미션을 해야 하는 행동 카드가 아니라면 이 카드에서는 참여자 모두 가만히 있어야 한다.

6) 미션을 수행해야 하는 카드가 나왔다면 참여자 모두 미션을 수행해야 한다(심벌즈가 나오면 모두 박수를 쳐야 한다. 미션을 수행하지 않거나 잘못 수행했을 때는 카드를 가져간다).

7) 미션 수행에 실패한 사람은 펼쳐져 있는 카드를 모두 가져가야 하는 게임놀이다(카드를 모두 가져간 뒤에 이제 다시 처음부터 시작하여 카드가 없는 사람이 승리한다).

1) 미션 카드 익히기: 처음에 미션 카드 4장을 보여준다. 기억해서 행동과 연결 짓는 능력이 많이 떨어진다면 3장 정도로 시작한다. 미션 카드를 보여주고 각기 무엇을 하고 있는 그림인지보게 한다. 그림 속 토끼의 행동과 연관 지어서 행동 미션을 기억하게 한다.

 예 지휘자는 손을 들고 지휘를 하므로 미션 행동은 손을 들어 만세를 하는 것이다, 가수가 노래를 너무 못하기 때문에 귀를 막는다 등

2) 각각의 미션(지휘자-손 들기, 가수-귀 막기, 드럼-드럼처럼 책상 1번 치기, 심벌즈-박수 1번)을 종이에 적어서 벽에 붙여놓고 시작하거나 혹은 충분히 인지할 수 있게 미션 카드만 섞어서 펼쳐 보이며 연습을 많이 하여 익숙하게 한다.

3) 미션이 아닌 카드도 나오므로 카드를 잘 관찰해야 하며 가만히 있어야 하는 상황에서 행동을 최대한 억제하여 상황을 볼 수 있도록 유도한다. 만약 중재 중에 일부러 자극을 준다면 아동이 긴장하여 집중하는 상황에서 목표에 맞는 행동을 유지할 수 있는지 확인할 수도 있다.

4) 처음 미션에 어느 정도 익숙해지면 처음 4개의 미션 중에서 2개만 서로 미션을 바꾸게 한다. 바꿀 미션을 아동이 직접 고르게 한다.

 예 가수를 박수를 치게 하고 심벌즈를 귀 막기로 서로 미션 바꾸기

1) 단계가 어려운 경우에는 미션을 2개 정도로만 진행할 수 있다. 아동들이 드럼과 박수에 특히 반응이 좋기 때문에 이 두 가지를 먼저 제시한 후 연습하여 진행하면 조금 더 쉽게 익숙해질 수 있다.

2) 단계를 올리고 싶으면 4개의 미션을 서로 다 바꾸어서 하거나 아동에게 새로운 그림을 하나 뽑아서 새로운 행동을 만들게 하는 방법이 있다.

3) 혹은 아예 새로운 행동 미션을 아동과 서로 만들어서 진행할 수 있다. 혹은 미션을 4개에서 6개로 늘려서 진행하거나 유연성 향상을 위해서 앞의 기본 미션의 행동을 바꾸고 새로운 미션 2개를 더 추가하여 기존에 생각한 것과 혼란을 주어 진행하면 유연성에 더 도움이 될 수 있다.

우봉고

| 목표: 인지유연성, 시지각 처리속도

- 보조 목표: 메타인지, 판단력

| 준비물: 우봉고 보드게임

1) 각자 퍼즐 조각을 한 세트씩 받는다.

2) 퍼즐 판의 난이도를 정한다(난이도: 3조각, 4조각).

3) 순서를 정한 뒤 주사위를 던져서 시행할 퍼즐 조각을 준비한다.

4) 모래시계를 뒤집어놓고 동시에 퍼즐을 맞추고 먼저 찾은 사람이 "우봉고"를 외친다.

5) 먼저 "우봉고"를 외친 사람이 보석 주머니에서 보석을 가져간다. 시간 안에 맞추지 못한 사람은 보석을 가져갈 수 없다(우봉고의 버전에 따라 보석을 가져갈 수 있는 조건이 다양하므로 확인을 해야 한다).

6) 마지막에 보석의 종류와 개수를 세어 계산을 한다. 합산한 점수가 높은 사람이 승리하게 된다.

도움tip

1) 게임의 버전이 다양하고 퍼즐 판의 난이도가 나누어져 있으므로 아동의 수준에 따라 게임의 종류와 난이도를 조절하는 것이 필요하다.

2) 시간에 대한 압박이 있거나 성공 경험이 부족한 아동의 경우에는 처음부터 모래시계를 사용하기보다는 익숙해진 뒤에 모래시계를 사용하는 것이 효과적이다.

확장

1) 인지유연성을 향상시키기 위한 목적이라면 시간을 충분하게 제공해서 아동 스스로 다양한 방법을 찾아서 문제를 해결하도록 돕는 것이 필요하다.

2) 아동의 연령이 어린 경우는 보석을 활용한 점수를 계산하는 것이 어려울 수 있으므로 게임을 단순화시켜서 성공 여부에 따라 점수를 주고 점차 전략적으로 보석을 가져가도록 할 수 있다.

유령 대소동

목표: 인지억제, 실행기능

- 보조 목표: 시각적 주의집중, 처리속도, 인지유연성

준비물: 유령 대소동 보드게임

절차

1) 순서를 정해 한 사람이 먼저 뒤집혀 있는 카드 더미의 맨 위 카 드 한 장을 펼친다.

2) 펼쳐진 카드의 그림은 모두 동시에 본다.

3) 펼쳐진 카드에 그려진 물건 중 테이블에 있는 물건과 색깔까지
같은 물건이 있다면 해당 물건을 빨리 잡아야 한다.
　예 카드에는 테이블 물건 중 소파가 있고 색깔도 같은 빨간색이기 때
문에, '빨간 소파'를 먼저 가져가는 사람이 카드를 얻게 된다.

4) 펼쳐진 카드에 그려진 물건 중 테이블에 있는 물건과 색깔까지
같은 물건이 없다면, 카드에 그려진 물건이 아니고 카드에 있
는 색깔도 아닌 물건을 찾아 재빨리 잡아야 한다.
　예 카드에 그려진 책과 병은 테이블에 있는 책과 병 모두와 색깔이 달
라서 일치하는 물건이 없는 상황이다. 따라서 책도 아니고 병도 아니
고 흰색도 아니고 회색도 아닌 물건, 즉 '빨간 소파'를 먼저 가져가는
사람이 카드를 얻게 된다.

예 카드에 그려진 소파와 생쥐는 테이블에 있는 소파와 생쥐와 모두 색깔이 달라서 일치하는 물건이 없는 상황이다. 따라서 소파도 아니고 생쥐도 아니고, 초록도 아니고 흰색도 아닌 물건, 즉 '파란 책'을 먼저 가져가는 사람이 카드를 얻게 된다.

5) 카드가 의도하는 물건을 가장 먼저 잡은 사람이 해당 카드를 가져가고 정해진 시간 안에 카드를 많이 가져간 사람이 승리한다.

6) 카드 한 장에 대해 각자 잡을 수 있는 물건은 한 개뿐이다. 그리고 정답도 항상 한 개뿐이다.

7) 실수로 정답이 아닌 물건을 잡았다면 이전에 가져간 카드 한 장을 버리게 되고, 이렇게 버린 카드는 이번에 정답을 맞힌 사람이 가져가게 된다.

도움tip

1) 물건 5개의 이름과 색깔을 여러 번 말하게 하면서 숙지시킨다.

"물건은 유령, 소파, 병, 책, 생쥐가 있고 색깔은 흰색, 빨강, 초록, 파랑, 회색이 있다."

2) 본 게임에 들어가기 전 연습 세션으로 테이블에 있는 물건과 색깔이 일치하는 카드를 가지고 재빨리 물건을 잡는 연습을 한다.

3) 다음 연습 세션으로 테이블에 있는 물건과 색깔들이 일치하지 않는 카드를 가지고 조건들을 제외시키는 연습을 한다.

　예 "생쥐와 소파가 아니다", "초록과 흰색이 아니다"를 소리 내어 말하면서 동시에 테이블 위의 물건들을 탐색하게 한다.

4) 위의 과정이 동시에 진행되지 않는 아동의 경우, 먼저 제외할 물건들을 하나씩 말하면서 손으로 직접 치워보게 하고 마지막에 남는 물건이 무엇인지 찾게 한다.

　예 "생쥐가 아니다"라고 말하면서 생쥐 모형을 치우고, "소파가 아니다"라고 말하면서 소파 모형을 치운다. "흰색이 아니다"라고 말하면서 유령 모형을 치우고, "초록이 아니다"라고 말하면서 병 모형을 치운다. 마지막에 남는 모형은 무엇인가? '파란 책'이다.

1) 말로 외치는 규칙으로 추가하여 진행할 수 있다. 카드에 그려
진 그림 중 책이 있다면 정답이 되는 물건을 잡는 대신, 정답이
되는 물건의 이름을 말해야 하는 것이다.

[예] 원래 규칙에 따르면 '빨간 소파'가 정답이어서 소파 모형을 먼저 가
져가야 하지만, 그림에 책이 있으므로 "소파"라고 외쳐야 한다.

[예] 원래 규칙에 따르면 '파란 책'이 정답이어서 책 모형을 먼저 가져가
야 하고 그림에 책이 없으므로 원래대로 책을 가져가면 된다.

브레인 스톰

목표: 인지유연성

- 보조 목표: 사고 확장, 문제해결력, 처리속도

준비물: 브레인 스톰 보드게임

1) 카드(총 120장)를 잘 섞은 후 9장을 뽑는다.

2) 뽑은 9장 카드의 앞면이 보이게 펼쳐놓는다.

3) 펼쳐진 9장의 카드 중에서 서로 연결점이 있는 2장을 찾는다.

4) 카드 2장을 보고 떠올릴 수 있는 모든 것을 찾아본다. 문장, 단어, 비유, 속담, 영화 제목, 의성어 등등 무엇이든 가능하다.

5) 이야기가 인정이 되면 카드를 받을 수 있다.

도움tip

1) 어려워하는 아동에게는 그림을 보고 연관성이 없어도 괜찮은 '아무 말 대잔치'를 해본다.

2) 아동의 수준에 따라 카드 개수를 조정할 수 있다. 카드는 최소 2장부터 가능하다.

1) 주제를 정한 후 카드를 뽑아서 그 주제에 맞도록 이야기를 만들어볼 수 있다.
   예 뉴스 진행하기, 고민 상담하기 등

2) 처음에 깔아놓은 9장 카드를 사용하여 한 장씩 교대로 이야기 이어 만들기를 할 수 있다.

3) 시간을 정해놓고 정해진 시간 내에 몇 가지를 만들 수 있는지 게임 식으로 진행할 수 있다.

4) 게임에 익숙해진 경우 순서를 정해 카드 더미에서 무작위로 카드 2장을 뽑은 뒤 연관성을 찾도록 하는 시합으로 진행할 수 있다.